编 委 会

主　编　刘文平

编　委　刘文平　　沈小红　　王　莉　　蒋桂珍　　杨小花　　刘彩凤

　　　　火媛玲　　金亚丽　　金玉宇　　赵淑霞　　杨　芳　　牛小霞

　　　　蔡芝英　　岳银凤　　岳庆荣　　滕制英　　闵海燕　　王惠青

　　　　曹文燕　　闫嘉楠　　王军军　　蒋玉香　　杨克霞　　谈红霞

　　　　康小梅　　潘转转　　杨海燕　　魏　艳　　牛月荣　　孙　萍

　　　　韦巧娟　　张　莉　　蔡雅丽　　杨雅玲　　杨小燕　　赵　丹

　　　　齐秀萍　　张仁红　　王　霞　　颜为梅　　高小燕　　王莉霞

润行求真　绽放天性

——榆中县幼儿园润真文化实践与凝练

刘文平　主编

兰州大学出版社
LANZHOU UNIVERSITY PRESS

图书在版编目（CIP）数据

润行求真　绽放天性 ：榆中县幼儿园润真文化实践与凝练 / 刘文平主编. -- 兰州 ： 兰州大学出版社，2024. 10. -- ISBN 978-7-311-06748-9

Ⅰ．G617

中国国家版本馆CIP数据核字第2024R2Q537号

责任编辑　朱茜阳
封面设计　汪如祥

书　　名　润行求真　绽放天性
　　　　　——榆中县幼儿园润真文化实践与凝练
作　　者　刘文平　主编
出版发行　兰州大学出版社　（地址:兰州市天水南路222号　730000)
电　　话　0931-8912613(总编办公室)　0931-8617156(营销中心)
网　　址　http://press.lzu.edu.cn
电子信箱　press@lzu.edu.cn
印　　刷　西安日报社印务中心
开　　本　787 mm×1092 mm　1/16
成品尺寸　180 mm×250 mm
印　　张　9.5(插页20)
字　　数　207千
版　　次　2024年10月第1版
印　　次　2024年10月第1次印刷
书　　号　ISBN 978-7-311-06748-9
定　　价　36.00元

前 言

　　榆中县幼儿园成立于1979年，是县属第一所公办幼儿园，在40多年的办园历程中，始终扎根于本土文化，致力于开展儿童启蒙教育，为学龄前儿童提供优质的教育服务。经过不懈努力，幼儿园在2019年被评为"甘肃省示范性幼儿园"，成为榆中县学前教育领域培训、教学和科研基地，引领着当地学前教育的发展。

　　多年来，幼儿园深刻理解并充分尊重儿童发展规律，挖掘和利用本土资源及本园优势，逐渐凝练出具有本园特色的"润真"文化。这一文化不仅明确了幼儿园的办园理念，也丰富了幼儿园的课程内容，实现了园本课程与本土文化及教育环境的有机结合。

　　在"润真"文化引领下，幼儿园以榆中地区的生活环境为背景，遵循儿童成长的自然规律，依据五大领域，从运动与健康、社会与实践、理解与表达、体验与探究、表现与创造五个方面，构建了以"润游戏之爱，育健康之美""润民谣之爱，育表达之美""润生活之爱，育实践之美""润自然之爱，育探究之美""润民俗之爱，育创造之美"为主要内容的"润真"园本课程体系。本课程体系旨在促进儿童在情感、态度、能力、知识和技能各方面的全面发展，传递了"润真"文化的理念。通过"润真"课程，丰富了幼儿园的教育内容，实现了幼儿生活与幼儿教育的贯通，拓宽了幼儿的视野，促进了儿童身心健康及富有个性的成长。

　　本书主要分为三个部分：

　　理念篇主要阐述了润真课程实施的背景、目标、内容、资源、实施和评价等六个方面，建构了一个完整的课程体系，这不仅体现了幼儿园独特而成熟的教育理念，而且在理论上带来了创新，激发了办园的活力。这个课程体系为幼儿园高质量发展奠定了理论基础，起到了引领性的作用。

　　实践篇主要收集了润真课程五大板块的教学设计、社会实践活动和劳动教育活动的典型案例。本课程充分挖掘触手可及的本地环境资源，让儿童亲近自然，体验生活，实现了"生活即教育，行为即课程"的教育方式，践行了《纲要》"充分利用自然环境和社区教育资源，拓展幼儿生活和学习的空间"的要求，也使以"润真"为核心的园本文化和园本课程落地生根，像丝丝春雨润泽儿童身心。

　　风采篇展示了"润真"课程下的环境创设及风采。在"润真"文化引领下，幼儿园的环境创设强调以儿童为中心，从儿童的实际需求出发，让他们在环境创设中担任设计者、参与者和创造者的角色，并展现本土文化特色。通过将环境创设与节庆活动及综合性实践教育活动相融合，增强了儿童参与环境创设的目的性、教育性和实效性。

　　"润真"课程是基于我们数十年对幼儿园课程开发和实践的经验积累，是全体教师精心构建的教育体系。在这个体系中，"润"代表了一种教育理念和方法，它如同细雨，悄无声息地滋养着大地，寓意着教育应该像春风化雨一样，潜移默化地影响孩子，激发他们的自主性和主动性。在这样的理念支持下，儿童能够在一日生活的每个小细节中感受到鲜活的教育。这种教育理念不仅彰显了教育者对儿童的尊重，也展现了他们对儿童浓厚的爱。而"真"则代表了生命的本质和发展的自然规律，它是教育的核心。在"润真"课程中，我们强调的是一种顺应并尊重儿童天性和成长规律的教育方式，旨在让儿童在最自然的状态中学习。我们所说的"真"还包括课程内容的真实性，即让儿童身处熟悉且真实的情境中去体验和感受。在学习活动中，他们保持真诚、坦率的态度，表现出真实的自我。最终，每个儿童都能够获得实质性的成长，各种能力得到锻炼和提高，这也就是结果的"真"。

　　此外，"润真"课程还强调在课程设计、管理和环境创设等方面追求真实、有效，确保每一个环节都贴近实际，促进儿童全面发展。

　　衷心感谢所有参与开发和实施"润真"课程的老师，他们不懈探索，勇于实践，用实际行动丰富了本课程的内涵。同时我们对每一位支持课程实践的家长表示深深的感激，也感谢那些为我们的实践活动提供保障和帮助的相关单位。

　　课程开发是一个不断探索的过程，需要不断地去完善。另外，鉴于我们的研究能力有限，某些部分可能尚显稚嫩，因此，我们希望能够得到专家的指导与帮助，以及幼教同仁的批评、指正，以期更趋完美。

刘文平

2023年10月

目　录

理　念　篇

实 践 篇

风　采　篇

理·念·篇

润行求真，绽放天性是一种深刻的文化理念。在它的引导下，我们致力于融合和传承本土文化，培育儿童的本真性格，让他们的心灵在善良与真理的滋养中成长，展现内在的美德与力量。我们坚定地探索本土文化，追求真实，坚守善意，让每个人的本性在真诚与美好中闪耀。

在爱与智慧的培养下，我们希望成为学前教育领域的一缕阳光，温暖而明亮，照进人生每个角落，照亮前行的道路。

第一节 润真课程实施背景

一、课程缘起

（一）教育政策导向

2001年6月，教育部颁布了《基础教育课程改革纲要（试行）》，明确了幼儿园课程资源开发的方向。其中明确要求课程功能要从注重知识传授，转变为关注幼儿的学习过程，让幼儿学会学习、学会生存、学会做人；课程结构要注意均衡性和选择性；课程内容要加强与幼儿生活以及社会的联系；课程实施要注重培养幼儿搜集和处理信息的能力、获取新知识的能力、解决问题的能力以及合作与交流的能力；课程评价要发挥评价的教育功能，并增加课程管理分析等内容。

2001年7月，教育部颁布的《幼儿园教育指导纲要（试行）》（以下简称"《纲要》"）中指出：充分利用自然环境和社区的教育资源，扩展幼儿生活和学习的空间，创设具有丰富的本地文化内涵的教育环境，为幼儿传承和发展本土文化奠定基础。这使我们进一步认识到：幼儿教育不等于幼儿园教育，必须树立大教育观，更新教育资源，让教育跨越幼儿园的围墙，拓展、丰富教育资源。

2012年10月，教育部颁发的《3～6岁儿童学习与发展指南》（以下简称"《指南》"）中指出：教师要经常带幼儿接触大自然，让幼儿在大自然中去感受与表现，去发现与创造，鼓励幼儿感知生命，亲近自然，有好奇心和求知欲。

2016年1月，教育部颁布的《幼儿园工作规程》（以下简称"《规程》"）中指出：萌发幼儿爱祖国、爱家乡、爱集体、爱劳动、爱科学的情感，培养诚实、自信、友爱、勇敢、勤学、好问、爱护公物、克服困难、讲礼貌、守纪律等良好的品德行为和习惯，以及活泼开朗的性格。幼儿园应当充分利用阳光、空气、水等自然因素以及本地自然环境，有计划地开展适合幼儿发展的各类活动，增强幼儿身体的适应和抵抗能力。

以上这些纲领性文件充分肯定了自然生态环境对儿童成长的重要性。为此，榆中县幼儿园在"润真"文化的引领下，开发本土资源课程，旨在引导幼儿通过观察、探

索、触摸、体会本地自然界变化之奇妙，了解家乡的民风民俗、丰富物产、传统文化和社区资源，以唤醒他们内心的探究意识。因此，幼儿园要充分利用一切可以利用的教育资源，扩展幼儿生活和学习的空间；用一切教育手段和方式支持幼儿在生活中积累有益的直接经验和感性认识；带领幼儿一起感受、发现和欣赏自然环境和人文景观中美的事物，构建、实施"润真"园本课程。

（二）现今发展趋势

目前，在国家、地方和学校三级课程管理体制中，幼儿园拥有了更多的课程决策权，开辟了课程开发的广阔空间。幼儿园不仅可以有自己独特的教育理念和课程目标，也可以通过优化课程资源，选择最适合本园幼儿的教育内容，利用富有特色的组织形式和方法，逐步建立适合本园实际的课程体系。当下，全国各地的幼儿园开始在实践中不断尝试构建开发适合本园发展和凸显本园特色的课程。在这种背景下，编写园本课程成为推动本园课程改革和发展的重要举措。相对于国家和地方的省编课程，幼儿园园本课程更多地考虑了本地幼儿的发展现状和需求。这不仅能很好地调动教师参与课程开发的积极性，而且更能凸显本园自身的特色，提高办园品质。总之，园本课程的开发与实践不论是对幼儿的健康成长，对教师的专业发展，还是对幼儿园的品质提升，都有十分重要的意义。

综观各园的园本课程开发，大家首先是"向外看"，目的在于学习发达地区的经验，取其精华，为我所用，在借鉴的基础上进行创新。然后是"向内看"，盘点自己的家底，发扬自身的优势，传承本园的传统，以避免办园模式的同一化，意在创新。

比如，有的幼儿园注重科学教育领域的探索，有较好的效果；有的幼儿园在艺术教育方面探索出一套比较成功的经验；也有的幼儿园做过幼儿心理健康教育方面的尝试；等等。总之，幼儿园在已有优势或传统教学模式的基础上做出进一步的拓展和创新，使之系列化、科学化、规范化，向更高、更精、更加优化的方向发展，从而形成与幼儿园教育理念相统一的、具有鲜明个性的园本课程，促进儿童的全面健康发展。

（三）自身发展需求

榆中县幼儿园经过实践的凝练，在充分尊重儿童发展规律的基础上，植根于榆中本土文化和自然环境，形成了"润真"文化。"润真"文化突出以儿童为本，立本求真；尊重儿童天性，顺应儿童本性，发展儿童个性；在养育儿童品性的过程中，培养爱健康、善运动，爱合作、乐分享，以及勤探索、好创造的儿童，促进儿童自主发展，是回归自然、回归本色的教育。"泽纳本土文化，润育本真儿童"的办园理念，最终使幼儿园成为"温润的沃土，师幼成长的乐苑"。但随着"润真"文化的引领和渗透，榆中县幼儿园在努力培养健康活泼、亲近自然、好奇探究、勇敢自信儿童的过程中发现，学前教育资源的选择具有很大的局限性，从而造成儿童对本土情感的缺乏，与身边的大自然之间存在着"断裂"，使那些儿童最为熟悉、最容易引发他们兴趣的本土资源得不到充分利用。其结果不利于丰富儿童的经验和拓展儿童的视野，也不能很好地践行《纲要》中所倡导的贴近儿童生活的教育理念，更有甚者会使儿童感官退化、迟钝以及注意力紊乱等。所以，从本园的实际出发，挖掘适宜儿童发展的，具有地方性、生活性、开放性、真实性的本土课程资源迫在眉睫。

（四）区域资源的优势

榆中县本土文化异彩纷呈，它洋溢着浓郁的生活和地域气息，有利于激发儿童的好奇心以及探究欲望，是重要的教育资源。有兴隆山、浪街、马衔山等风景名胜区和生态园，有博物馆、高铁站、飞机场、大学城、消防队等丰富的社会资源，有四季分明的自然风光，有五彩斑斓的各类果实，有美味十足的特色小吃……这使我们有了取之不尽、用之不竭的教育资源，是开展本土课程得天独厚的条件。

著名教育家陈鹤琴先生说："大自然、大社会都是儿童自己的世界，是儿童自己的生活环境，直接拿儿童熟悉的事物作为教材、教具，被认为更有利于儿童对生活的理解，从而提高学习的兴趣和效率。"这为课程要充分利用丰富的自然资源指明了方向。因此，将本土资源纳入幼儿园园本课程体系，不仅是对本土自然资源、文化资源的一种利用，也是培养幼儿的乡土情感、提高教师开发实施课程的能力、形成特色园本课程的重要手段。

二、课程界定

基于以上课程缘起，本课程在"润真"文化的引领下，遵循"泽纳本土文化，润育本真儿童"的办园理念，把本土资源作为教育的素材，充分利用本土自然环境与丰富的社会资源，以儿童为本，立本求真，让儿童在充满神奇色彩的乡土环境中体验自然，体验生活，落实"生活即教育""行为即课程"的教育思想。

三、理论依据

1.陶行知——生活教育论。它是陶行知教育思想的核心，包括三个基本观点：生活即教育，社会即学校，教学做合一。他强调让儿童在与自然和社会的直接接触中，在亲身观察中获取经验和知识；千教万教，教人求真，千学万学，学做真人。

2.陈鹤琴——活教育。大自然、大社会都是活教材，在做中教，做中学，做中求进步。

3.卢梭——自然教育。顺应人的天性发展，保持儿童自然的状态，充分利用大自然中的教育。

4.张雪门——行为教育。课程的内容就是儿童周围生活的自然环境与社会环境中能为儿童所接受并有助于其身心发展的各种经验。

5.德国著名幼儿教育家福禄贝尔认为：教育应顺应自然。这里的"自然"包含两层含义：一是大自然，二是指儿童的天性。

6.美国著名的教育家杜威认为：教育就是儿童生活的过程，而不是将来生活的预备，所以最好的教育就是从生活中学习、从经验中学习，教育就是要给儿童提供保证生活的条件，教育即生活。如果儿童没有"做"的机会，那必然会阻碍儿童的自然发展。

四、课程特点

（一）地域性

润真课程资源具有地域性，它使幼儿在充满神奇色彩的乡土环境中感知、参与、探索，从而为他们形成良好的个性品质助力。

（二）丰富性

润真课程的内容包含了榆中本土的传统节日、传统游戏、丰富物产、人文景观、民谣民歌、民间工艺等，涉及五大领域。其内容丰富，课程呈现形式多样，符合幼儿的认知特点。

（三）生活性

让幼儿回归自然、回归生活，是我们追求的返璞归真的理想教育。每个教育活动过程都增添了自然的、生活的教育元素，目的是让幼儿的注意力与实际生活紧密联系，从而在体验中学习，在体验中获得真知。

（四）开放性

润真课程是一个包含五大领域的综合性课程，其内容按幼儿的年龄段进行设置，从幼儿园内部走向社区，走向田野，呈现开放性。幼儿通过自由参与、操作、互动、探究，在经验的迁移、学习的深入、思维的发展等方面，都将有一个质的飞跃，从而达到润真课程实施的目标。

（五）真实性

幼儿在参与润真课程的过程中，不是通过书本、电视、图片等形式，而是让他们身临其境，通过亲自观察、亲手操作、亲身感悟、亲耳聆听，真真切切感受到的，这些感知是真实的。

第二节　润真课程目标

一、润真课程总目标

在充分尊重儿童身心发展特点和规律的基础上，植根于榆中本土文化和自然环境，以儿童为本，立本求真，尊重儿童天性，培养健康乐运动、思考乐表达、探索乐创造、合作乐分享的儿童，坚持生活、自然教育理念，回归自然，走进生活，开辟自然课堂。从儿童天性出发，在观察发现、玩耍游戏、运动健身中，培养儿童自主探索、解决问题的实际能力，促进儿童健康和谐发展。

1.建构幼儿园本土课程框架，包括课程目标体系及课程内容、活动组织形式、活动资源库建设、活动策略、活动成效等。

2.通过开发本土资源，探索本土资源在幼儿园课程中的利用及实施途径和方法，使本土资源与主题活动有机结合，生成一系列有价值的活动。

3.提高幼儿园教师的课程意识，引导教师注重"学习→实践→反思→实践→总结"的过程性研究，全面提升教师挖掘园本课程资源，并将其渗透于课程实施过程的能力。

4.以儿童发展为本，根据儿童已有的生活经验，通过对润真课程的开发利用，培养健康活泼、亲近自然、好奇探究、勇敢自信的儿童。

二、润真课程各主题、各年龄段目标

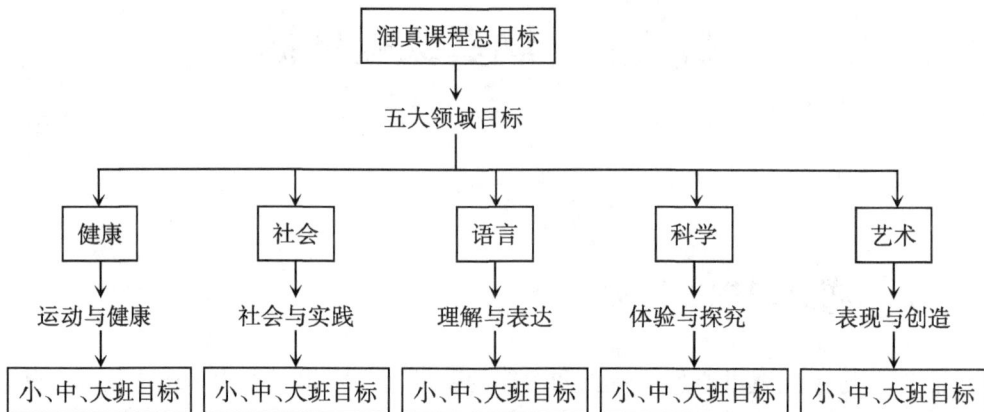

```
                      ┌──────────────┐
                      │  润真课程总目标  │
                      └──────────────┘
                             │
                      ┌──────────────┐
                      │  五大领域目标   │
                      └──────────────┘
```

健康	社会	语言	科学	艺术
运动与健康	社会与实践	理解与表达	体验与探究	表现与创造
小、中、大班目标	小、中、大班目标	小、中、大班目标	小、中、大班目标	小、中、大班目标

　　润真课程按照五大领域将课程内容分为"润游戏之爱，育健康之美""润民谣之爱，育表达之美""润生活之爱，育实践之美""润自然之爱，育探究之美""润民俗之爱，育创造之美"五个板块。在目标设置上关注幼儿情感、态度、能力、知识、技能等多项指标的整体发展，关注幼儿生活态度和生活能力，关注幼儿探究、观察、创造力的发展，注重各领域间相互渗透和整合，从而形成课程总目标、领域分目标和年龄段分目标的目标体系。

（一）润游戏之爱，育健康之美

1.健康领域目标。

　　通过对榆中县民间游戏的改编，利用本土材料创新游戏玩法，使本土民间游戏更具生命力；在游戏中，让幼儿知道遵守游戏规则的重要性，体验参加传统游戏的快乐，从而达到传承本土游戏的目的。

2.年龄段目标。

小班

（1）乐意参加传统体育游戏活动，体验游戏活动带来的乐趣。

（2）学习基本的游戏规则，养成初步的规则意识。

中班

（1）能主动参与传统体育游戏活动，探究游戏的各种玩法。

（2）知道并遵守基本的游戏规则，养成初步的规则意识。

大班

（1）喜欢并能主动参加传统体育游戏活动，能主动探究各种自制体育器械的玩法，能发现问题、提出问题、解决问题。

（2）严格遵守游戏规则，能通过自主讨论，制定游戏规则。

（3）能与同伴协商解决游戏中的各种困难，培养幼儿不怕困难、勇于探索的品质。

（二）润民谣之爱，育表达之美

1.语言领域目标。

通过学习具有本地特色的各类童谣、儿歌、诗歌、民间故事等，感知和理解作品内容，感受民间文学的独特魅力和丰富内涵，激发幼儿爱家乡的情感。

2.年龄段目标。

小班

（1）能认真倾听本地短小的民间故事和童谣，并理解其大意。

（2）愿意跟读儿歌，感受儿歌朗朗上口的韵律美。

中班

（1）喜欢倾听具有本地特色的童谣、民间故事，能够理解故事内容。

（2）学习朗诵和仿编童谣，愿意根据民间故事中的情节表达自己的感受。

大班

（1）喜欢本地民间文学作品，能用连贯的语言表达自己对文学作品的感受和理解。

（2）能用概括的语言复述故事，学会创编或续编地方童谣。

（3）感受本地方言的独特魅力，能理解方言中某些词语表达的意思。

（三）润生活之爱，育实践之美

1.社会领域目标。

通过亲身感受和主动探索，认识家乡丰厚的地域文化，促进情感、态度、能力、知识、技能等多方面综合素质的协调发展，逐步形成对本地文化的认同感、自豪感。

2.年龄段目标。

小班

（1）在活动中，对家乡地域文化的显著特征有初步的认识和感受。

（2）在实践活动中，通过看一看、听一听、说一说等方式，初步感受家乡地域文化的丰富。

（3）培养幼儿爱父母、爱同伴的情感。

中班

（1）通过参与各类实践活动，认识家乡地域文化的显著特征，并尝试用自己的方式表达所见所闻与感受。

（2）通过认识不同职业的人，培养幼儿爱身边的人、爱集体的意识，并有初步的集体荣誉感。

大班

（1）了解人与社会的关系，主动参与社会实践活动，感受家乡的变化。

（2）在活动中，能大胆表述自己的所见所闻，能用恰当的语言表达自己的想法。

（3）激发幼儿爱集体、爱家乡、爱祖国的情感，为家乡取得的成就感到自豪。

（四）润自然之爱，育探究之美

1.科学领域目标。

以幼儿较熟悉的本地物产为主要教学内容，使幼儿对身边和周围的事物感兴趣，充满好奇；能够运用多种感官探究问题，了解自己与周围环境是密不可分的关系，喜欢大自然。

2.年龄段目标。

小班

（1）喜欢接触大自然，亲近花草树木，能运用各种感官对周围事物现象进行感知。

（2）知道周围环境对自己生活和活动的影响，了解和感知动植物与人们生活的关系。

中班

（1）喜欢在大自然中进行探索，感知、发现动植物的生长变化。

（2）通过对自然物和自然现象的观察比较，发现其异同。

（3）能根据观察结果提出问题，并大胆猜测答案，学习简单的记录方法。

大班

（1）能对自己感兴趣的自然物与自然现象刨根问底，并能通过观察、比较、分析，发现不同种类物体的特征或事物前后的变化。

（2）能用数字、图画或其他符号，记录自己的探究过程和结果。

（五）润民俗之爱，育创造之美

1.艺术领域目标。

通过接触周围生活中美好的人、事、物，引导幼儿积极参加各类民俗节日活动，学会欣赏本地民间手工艺品，感受其中蕴含的爱与美；在欣赏活动中，丰富幼儿的感性经验，提升幼儿的审美情趣；传承本地民间艺术，引导幼儿尝试用多种方式表达自己的理解。

2.年龄段目标。

小班

（1）欣赏具有本地特色的艺术形式和作品，喜欢参加艺术活动。

（2）感受与同伴、家人一起庆祝节日的快乐。

中班

（1）初步了解本地民间艺术、节日习俗，感受其中的美。

（2）学唱本地民歌，感受民歌的特点。

（3）尝试以家乡的各类自然物为材料，进行艺术活动。

大班

（1）能够发现生活中美的事物，对民间艺术感兴趣，有初步的欣赏能力。

（2）能利用本土材料创造性地表现自己对生活的认识，传承民间艺术。

第三节　润真课程内容

润真课程由"润游戏之爱，育健康之美""润民谣之爱，育表达之美""润生活之爱，育实践之美""润自然之爱，育探究之美""润民俗之爱，育创造之美"五个板块组成，包含了小、中、大各年龄段五大领域内容。各领域之间相对独立，又相互融合，每个领域活动根据幼儿发展目标侧重的不同又设计了若干个子活动。

一、健康领域活动内容

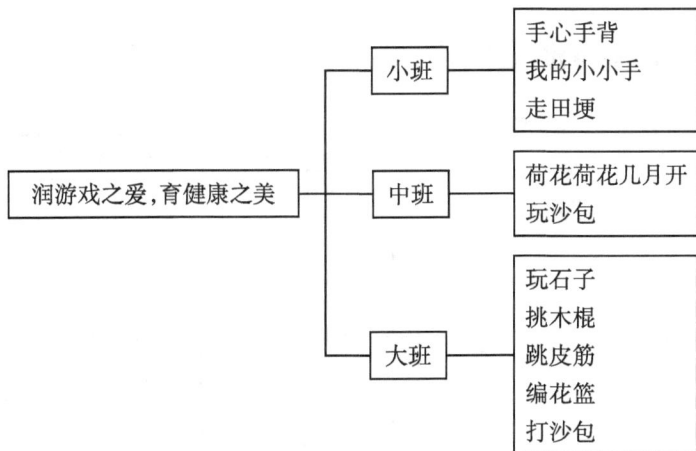

润游戏之爱,育健康之美

小班
手心手背
我的小小手
走田埂

中班
荷花荷花几月开
玩沙包

大班
玩石子
挑木棍
跳皮筋
编花篮
打沙包

二、语言领域活动内容

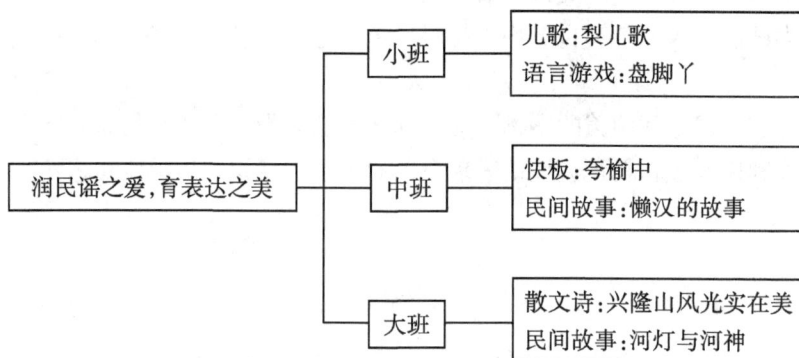

润民谣之爱,育表达之美

- 小班
  - 儿歌:梨儿歌
  - 语言游戏:盘脚丫
- 中班
  - 快板:夸榆中
  - 民间故事:懒汉的故事
- 大班
  - 散文诗:兴隆山风光实在美
  - 民间故事:河灯与河神

三、社会领域活动内容

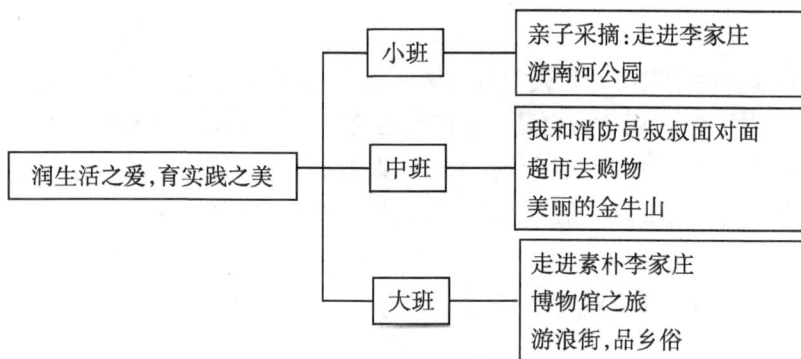

润生活之爱,育实践之美

- 小班
  - 亲子采摘:走进李家庄
  - 游南河公园
- 中班
  - 我和消防员叔叔面对面
  - 超市去购物
  - 美丽的金牛山
- 大班
  - 走进素朴李家庄
  - 博物馆之旅
  - 游浪街,品乡俗

四、科学领域活动内容

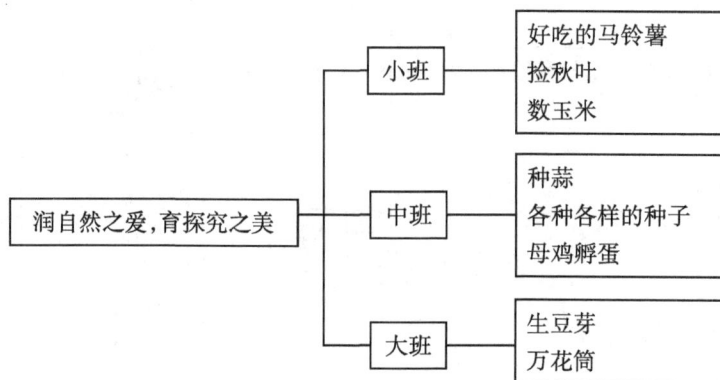

润自然之爱,育探究之美

- 小班
  - 好吃的马铃薯
  - 捡秋叶
  - 数玉米
- 中班
  - 种蒜
  - 各种各样的种子
  - 母鸡孵蛋
- 大班
  - 生豆芽
  - 万花筒

五、艺术领域活动内容

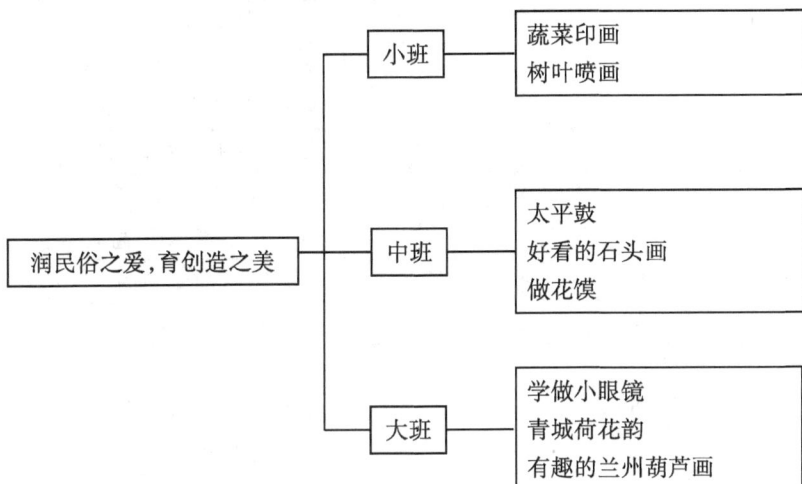

```
                                    ┌─────────────────┐
                         ┌─ 小班 ──→│ 蔬菜印画          │
                         │          │ 树叶喷画          │
                         │          └─────────────────┘
                         │
                         │          ┌─────────────────┐
┌──────────────────┐     │          │ 太平鼓            │
│ 润民俗之爱,育创造之美 │─────┼─ 中班 ──→│ 好看的石头画      │
└──────────────────┘     │          │ 做花馍            │
                         │          └─────────────────┘
                         │
                         │          ┌─────────────────┐
                         │          │ 学做小眼镜        │
                         └─ 大班 ──→│ 青城荷花韵        │
                                    │ 有趣的兰州葫芦画  │
                                    └─────────────────┘
```

第四节 润真课程资源

　　开发与利用课程资源是陈鹤琴"活教育"思想——"大自然、大社会都是活教材"的生动实践,而开发和利用本土资源,能增强教师和幼儿对本地地域文化的认同感和对家乡的热爱。

一、自然材料资源

　　将本地的自然材料投放到幼儿园的功能室、班级区域、公共活动区,不仅可以进行环境创设,还可以激发幼儿参与活动的兴趣。因此,本土材料资源是润真课程落地的基础。可以利用的自然材料资源见表1-1。

表1-1　自然材料资源

资源类型	资源名称	具体类别
自然材料	石	碎石子、河床石以及其他不同颜色和形状的石头
	绳	麻绳、花绳
	树	树枝、圆木、树皮、树叶、树根
	草	嫩草、干草、草绳、香草
	种子	各种花、草、树木和农作物的种子
	花	鲜花、干花
	果实	玉米棒、麦穗、胡麻穗、高粱等
	竹	竹竿和竹子编制品
	泥	黄胶泥、陶泥
	沙	土砂、石英砂
	布	各种印染的花布和白布
	秆	麦秆、玉米秆、高粱秆等

二、内部资源

根据润真课程的开发理念，榆中县幼儿园因地制宜，充分利用和挖掘幼儿园已有的内部环境资源，遵循让幼儿亲历探究的原则，创设了可以让幼儿亲密接触、真实感受的具有本土特色的环境，并通过多种形式、多种感知方式，引导幼儿积极参与。如创设种植园、面点屋、木工坊、饲养区、自主游戏区、班级区角等，让幼儿在这里尽情释放天性，感受快乐。

此外，榆中县幼儿园将教师资源和家长资源融入园本课程的构建和组织实施之中。总之，内部环境资源的有效利用，旨在培养健康活泼、亲近自然、勇敢自信的儿童，同时培养他们热爱家乡、热爱大自然的精神品质。润真课程内部资源见图1-1。

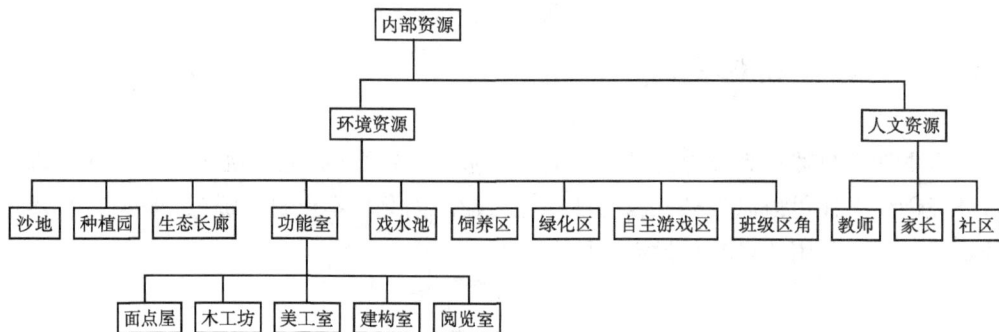

图1-1　润真课程内部资源图

三、外部资源

1.周边环境资源。

榆中县幼儿园地处国家4A级自然风景区——兴隆山下，毗邻美丽的南河公园。公园四季常青，三季有花，树木、花卉品种众多。幼儿园周围有河道、田地、生态庄园、博物馆、花间田等（见图1-2），适合开展远足、参观、观察、游戏等活动。

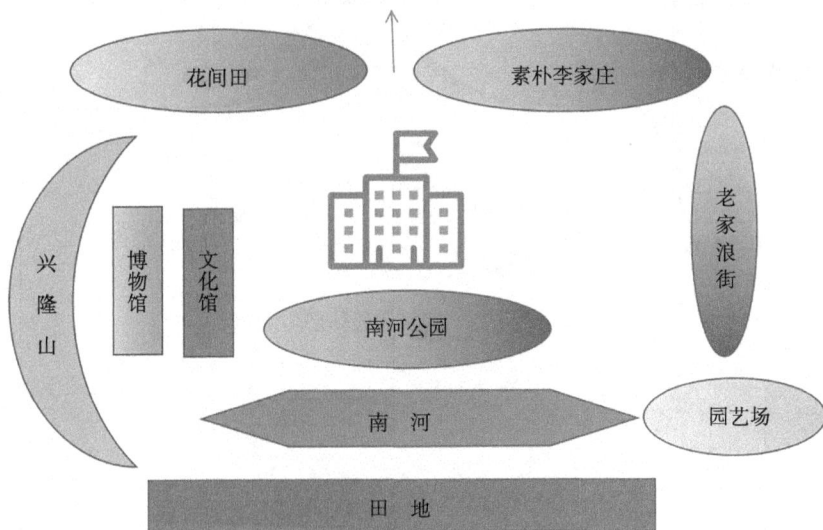

图1-2　榆中县幼儿园周边环境图

2.外部人文资源。

榆中县有着丰富的民俗手工技艺、民间故事、歌谣、传统节日、民间游戏等资源，周边还有充足的社区文化资源，如博物馆、文化馆等，蕴藏着许多有价值的教育资源，值得充分挖掘、利用和有效拓展，为幼儿的发展提供有力保障，为润真课程的有效实施提供支持。润真课程外部资源见图1-3。

总之，课程资源的开发和利用不是"面子"工程，而是"修路"工程。利用课程资源不是把资源涉及的内容生硬地灌输给幼儿，而是挖掘其中的各种"营养"，如认知、审美、情感等，并以儿童喜闻乐见的形式汲取这些"营养"。在实践中，评价课程资源利用是否有效，取决于幼儿对教师提供的资源是否感兴趣，取决于在呈现评价资源的过程中，幼儿能否产生问题意识，取决于教师和幼儿能否一起寻找解决问题的办法。因此，课程资源是课程实施的基础和关键。

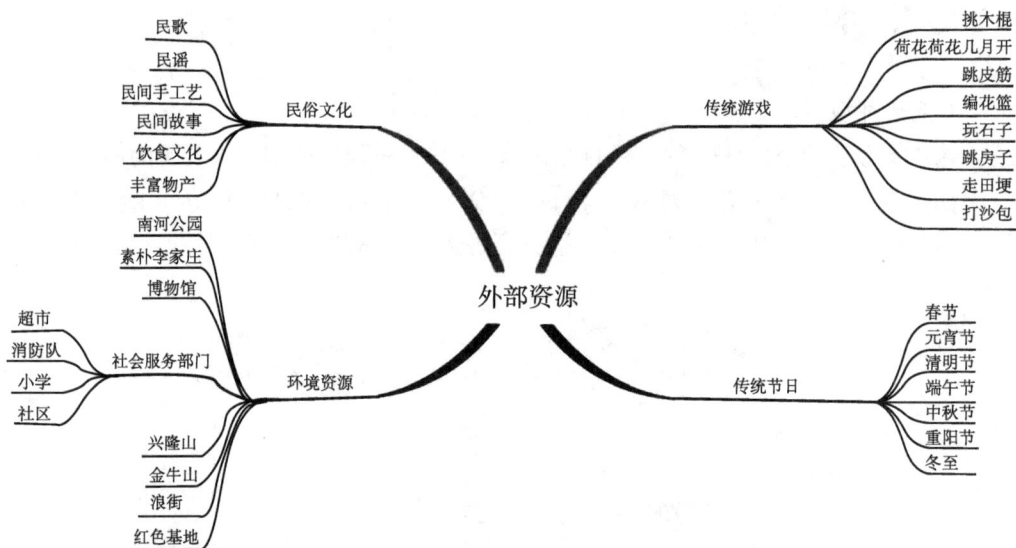

图1-3 润真课程外部资源图

第五节　润真课程实施

一、实施原则

（一）综合性、多样性

　　润真课程实施的第一个原则是综合性与多样性，这主要体现在通过多种多样的活动形式（见表1-2），从多方面完整地实施教育主题，从而对幼儿形成多维立体的影响。

表1-2　多种多样的活动形式

润真课程	集体教育活动	健康领域：手心手背、走田埂、跳房子、打沙包、荷花荷花几月开、挑木棍、跳皮筋、编花篮、玩石子等
		语言领域：盘脚丫、梨儿歌、榆中新唱、夸榆中、逛兰州（歌谣），河灯与河神、懒汉的故事（民间故事）等
		社会领域：端午节、六一儿童节、国庆节、重阳节、冬至、元宵节、青城醋等
		科学领域：好吃的土豆、捡树叶、数玉米、种大蒜、各种各样的种子、母鸡孵蛋、生豆芽、万花筒等
		艺术领域：中秋月饼、冰糖葫芦、花馍馍（美工），我眼中的李家庄（绘画），如意甘肃（雕塑），辣辣地吃上个搅团（音乐）
	区域活动	表演区：家乡的社火、素朴李家庄、娃娃超市、烧烤店、美发店、银行、医院等
		科学区：生豆芽、种大蒜、数玉米、好玩的磁铁、有趣的静电、盖子和瓶子等
		美工区：蔬菜印画、树叶喷画、太平鼓、画葫芦、石头画、玉米芯贴画、玉米秆芯小眼镜、玉米皮创意作品、土雕作品等
		种植区：玉米、高粱、胡麻、向日葵、土豆、大蒜、菠菜、萝卜、紫甘蓝、葫芦、菊花、八瓣梅等
	社会实践活动	走进素朴李家庄、参观博物馆、和消防员叔叔面对面、逛超市、走进金牛山、亲子采摘节等
	户外游戏活动	石头剪刀布、跳皮筋、踩高跷、赛龙舟、跳绳、踢毽子、滚铁环等
	亲子活动	做香包、找春天、亲子采摘、亲子阅读等

（二）探究性、创造性

润真课程来自幼儿的生活，课程活动融入幼儿的一日生活中，注重幼儿在生活中学习，在生活体验的基础上，激发幼儿探究的欲望；重视幼儿发现问题、提出问题的探索行为，对幼儿的尝试给予肯定；引导幼儿动手动脑、自由交往合作；倾听幼儿的想法与感受，鼓励幼儿大胆体现美、创造美。

例如：蔬菜、石头、树叶、种子，这些都是幼儿生活中常见的物品，认识它们的特征，了解它们的用途，体现的是科学领域的内容；让它们焕发艺术的生命，需要发现美的眼睛和创造美的手。

（三）体验性、参与性

润真课程重视幼儿的体验与参与。从幼儿生活的自然环境和社会环境中提炼课程，使幼儿通过参与环境、体验生活，形成对自然、社会的认识，获得情感体验。

如社会实践活动"走进素朴李家庄"中设计了绘画活动——"我眼中的李家庄"、美工活动——"印象李家庄"，以及草地野餐、亲子游戏等活动，让幼儿在亲身体验中，感知家乡的美好。

二、实施途径

（一）集体教育活动

1.健康领域：手心手背、走田埂、跳房子、打沙包、荷花荷花几月开、挑木棍、跳皮筋、编花篮、玩石子等。

2.语言领域：盘脚丫、梨儿歌、榆中新唱、夸榆中、逛兰州（歌谣），河灯与河神、懒汉的故事（民间故事）等。

3.社会领域：端午节、六一儿童节、国庆节、重阳节、冬至、元宵节、青城醋、陇右名山兴隆山等。

4.科学领域：好吃的土豆、捡树叶、数玉米、种大蒜、生豆芽、各种各样的种子、万花筒等。

5.艺术领域：中秋月饼、冰糖葫芦、花馍馍（美工），辣辣地吃上个搅团、割韭菜、夸榆中（音乐）等。

（二）区域活动

1.表演区：家乡的社火、素朴李家庄、娃娃超市、烧烤店、美发店、银行、医院等。

2.科学区：生豆芽、种大蒜、数玉米、好玩的磁铁、有趣的静电、盖子和瓶子等。

3.美工区：蔬菜印画、树叶喷画、太平鼓、画葫芦、种子贴画、玉米芯贴画、玉米秆芯小眼镜、玉米皮创意作品等。

4.种植区：玉米、高粱、各类豆子、胡麻、向日葵、土豆、大蒜、菠菜、萝卜、葫芦、紫甘蓝、菊花、八瓣梅等。

（三）社会实践活动

走进素朴李家庄、参观博物馆、和消防员叔叔面对面、逛超市、走进金牛山，亲子采摘节、秋游南河公园等。

（四）户外游戏活动

石头剪刀布、跳皮筋、踩高跷、赛龙舟、跳绳、踢毽子、滚铁环等。

（五）亲子活动

做香包、找春天、亲子采摘、亲子阅读等。

（六）环境创设活动

利用本土资源创设有效的教育环境，探索环境创设与课程、教育活动、幼儿、家长之间的多元互动，实现"环境"与幼儿的"对话"。

（七）节日活动

春节、元宵节、清明节、端午节、六一儿童节、国庆节、重阳节、冬至等。

（八）劳动教育活动

租用周边农田，种植本地常见农作物，如土豆、玉米、高粱、萝卜、菠菜、辣椒、西红柿、向日葵、胡麻、葫芦等。

三、实施策略

以上课程活动都是学龄前儿童喜欢且能接受的，同时教师通过探索，运用个性化策略，形成了润真课程"四力"模式，让有能力差异、经验基础不同的儿童都能进行自主学习与游戏，最后获得整体性发展。

（一）借力——引进自然材料策略

把玉米皮、玉米芯、高粱秆、草茎、树枝、树叶、种子、石子、葫芦等自然物投放在区域内，丰富区域活动材料，让幼儿自由创作。在与自然材料的互动中，锻炼幼儿的动手能力，发展幼儿的想象力，培养幼儿的创造力，启迪幼儿的智慧。

（二）给力——走进自然课堂策略

1.观察动物、植物。

走进公园、农田进行实地观察：公园里有许多不同的植物，春天有花，夏天有浓荫，秋天有五彩缤纷的树叶。农田中有多种多样的农作物、昆虫。幼儿可学习认识各种农作物，了解它们生长变化的过程；发现不同种类的昆虫、鸟类等，知道蜜蜂喜欢在花丛中采蜜，蚱蜢的身体会变换颜色，蚂蚁有很多不同的种类。

在幼儿园的饲养角、种植角连续观察：幼儿有强烈的好奇心，通过幼儿园区域的饲养、种植活动，可使幼儿近距离地接触动物、植物，进行深入观察，发现它们的变化。

2.探究自然。

大自然的四季变化是一幅五彩画卷，时刻向幼儿展示着它们的魅力。下雨了，幼儿在雨中感受小雨、大雨的不同，了解避雨、避雷的基本常识；下雪了，幼儿会将雪花接在手上，看它们慢慢融化成小水滴。还有幼儿想知道的：小草上的露珠是从哪里来的？没有空气会怎么样？雨后的蚯蚓是从哪里来的？……

3.开展专门的种植活动。

利用在幼儿园周边租用的农田，开展播种、浇水、间苗、锄草、除虫以及采摘、简单加工、分享等活动，让幼儿直接感知、了解植物的生长过程，学习使用简单农具，知道植物生长和泥土、阳光、空气、水等的关系。通过对种植方法的探索和学习，提高幼儿的认知水平，促进其全面发展。

（三）着力——教师引领策略

幼儿的发展存在个体差异，根据幼儿在游戏、学习中的不同行为表现，教师的指导策略也不同。

1.提供直接经验。

在区域中投放大量的操作材料，鼓励幼儿去探索它们的奥秘。幼儿通过观察、操作、探索，找出答案，满足自己的好奇心，获得直接经验。

2.善用随机经验。

幼儿的经验是不断积累的，每天发生的随机经验是最自然、最具体、最容易了解的，也是最有意义的，但如果教师不加以引导，就容易错过，很难产生良好的学习效果。比如，幼儿意外发现蚂蚁洞口堆满了泥土和雨后的院子里爬满了蚯蚓，觉得特别奇怪，这就需要教师抓住机会，适时引导幼儿观察思考这种现象中蕴含的科学知识。

3.利用操作材料。

幼儿的经验大都来自自己的亲身体验和操作，幼儿园的教育活动离不开操作材料。如果没有直观的操作材料，只是听教师讲解演示，幼儿获得相关经验的速度就会很慢。相反，有直观操作材料的活动，不仅能满足幼儿动手的欲望，还能激发幼儿对活动的兴趣。

（四）助力——优化体验策略

通过创设环境，为幼儿提供多种体验途径。

1.材料体验。

利用本土材料创设园所环境，把家乡带入幼儿园内，让幼儿园变成家乡，让幼儿对幼儿园产生强烈的亲近感。

2.环境体验。

利用本地节日资源，营造幼儿园的节日氛围，让幼儿置身其中，感受家乡节日的习俗，产生爱家乡、爱祖国的情感。如在大型活动元宵游园会中，创设猜灯谜、写对联、做元宵、捏面人、做灯笼、舞龙灯、踩高跷等多种活动场景，让家长、幼儿置身其中，感受浓浓的节日气氛。在端午节活动中，组织亲子活动，由家长带领幼儿一起做香包、系花绳、包粽子、吃粽子、画龙舟、赛龙舟，使他们不仅感受到浓浓亲情，还了解了端午节的来历、习俗。

3.种植活动体验。

榆中县幼儿园通过建设综合性的劳动教育基地，开展种植、浇水、松土、除草、施肥以及采摘、简单加工等活动，使幼儿了解植物生长的过程，培养幼儿探索的兴趣和观察的能力，激发幼儿热爱劳动、亲近自然、探索自然的热情。

以生活为基础，让劳动教育回归幼儿生活。通过建设"美食分享"劳动教育配套设施，广泛开展采摘、洗、切、炒、烹的实践活动，并邀请家长作为兼职教师指导幼儿的劳动实践，让幼儿在真实、自然的劳动环境中养成爱劳动、爱劳动人民、珍惜劳动成果的意识，形成良好的劳动习惯，促进幼儿在品德、社会行为等方面的发展。

第六节　润真课程评价

润真课程评价是润真课程建构的重要组成部分，它是以润真课程为评价对象的认知活动，针对润真课程的特点和组成要素，收集相关信息，对润真课程的价值、适宜性和成效做出判断的过程。

一、润真课程评价的目的及作用

（一）评价的目的

1.润真课程实施方案形成之前的评价。

通过润真课程评价，了解幼儿的发展现状和需求，了解主题教育活动过程中对本土资源的挖掘和利用，并针对有价值的本土教育资源，选择课程内容，设置课程目标，制定实施方案，从整体上进行评估，对课程内容做出选择。

2.润真课程实施过程中的评价。

在润真课程方案实施阶段，评价的主要目的是诊断和修订课程。通过对润真课程做出判断性的诊断，了解课程的适宜性、有效性，找出课程的不足、问题存在的原因和影响因素，为修正、调整和完善课程内容，乃至推广课程，提供充分的科学依据。

3.润真课程完成后的评价。

在润真课程实施结束后进行评价，主要目的是了解课程目标的达成程度、教育活动效果以及教育价值的实现程度等。

总之，润真课程评价最根本的目的就是让幼儿更好地生活，更好地发展。

（二）评价的作用

润真课程评价主要评估润真课程的目标、内容和实施是否达到了教育活动的目标，是否取得了预期的效果，并以此提出完善课程的建议，不断提升课程质量。对润真课程进行评价，有助于充分发挥评价的功能，改进和优化课程，提高课程的适宜性和有效性，增强教师的教育教学能力，从而提高幼儿园保教质量，促进幼儿的全面发展。

二、润真课程评价原则

润真课程评价的原则是实施润真课程评价的基本要求和行动指南，它指引着润真课程评价的运行方向。在对润真课程进行评价时，要遵循以下几条基本原则。

（一）发展性原则

从评价目的来看，润真课程的评价应有利于幼儿的发展，促进教师的发展，也应有利于改进与发展课程。

促进幼儿的发展：关注幼儿认知的获得、能力的培养，从注重认知评价转向注重实践能力的评价。

促进教师的发展：应重视教师自我研修和自我发展中的主体地位，促进教师不断对自己的教学行为进行反思，建立教师自评，园长、幼儿和家长共同参与的评价制度，不断提高保教质量。

促进润真课程的发展：课程的评价应对润真课程的执行情况、实施中的问题进行分析，以调整润真课程的内容，改进润真课程的活动，不断革新润真课程，提高课程的适宜性和有效性。

（二）过程性原则

从评价过程来看，应重视幼儿学习的过程，以及课程发展的过程。

重视幼儿学习的过程：关注幼儿在学习中的点滴进步及情感、态度的形成和发展。

重视课程发展的过程：被评价人员也要积极参与到润真课程开发的过程中，以此来提高评价双方的自主意识、反思能力，从而有效促进润真课程的发展。

（三）合作性原则

从评价主体来看，润真课程评价是管理者、教师、幼儿和家长共同参与的。管理者参与评价，可促进润真课程的实施；教师加强自评，可反思润真课程的得失，审视并改进教育教学；幼儿尝试自评，可形成自我认知能力、参与能力和自我评价能力；家长参与评价，可以反馈润真课程的社会影响力。将自评与互评结合起来，通过师幼互动、幼儿之间的互动、家园互动，相互沟通，相互补充，最终达到在润真课程中的共同进步。

（四）多样性原则

从评价方式、方法来看，要注重多样化和灵活性。综合运用多种评价方式，将形成性评价与终结性评价、定量评价和定性评价相结合。多样化的评价方式，既有利于及时了解润真课程实施的效果，又有利于监督润真课程实施的各个阶段，从而改进润真课程，促进润真课程的完善与发展。在润真课程的实践中，要注重使用多样化的评价方法，如观察记录法、案例分析法、成长记录袋、幼儿作品分析等。

三、润真课程评价人员

园本课程作为幼儿园教育的重要组成部分，其质量直接关系到幼儿的成长与发展。园长、教师、幼儿及家长作为课程实施的主体和参与者，都应参与到评价工作中来，以确保评价的客观性和公正性。

1.园长——引领与调控。

园长作为幼儿园的管理者，对润真课程的评价应着重于课程的整体设计与实施效果，定期对润真课程的实施进行分析评估，针对存在的问题，寻找破解对策。首先，通过教研活动，引导教师反思，发现课程设置与实施中的不足，及时加以调整、修正。其次，广泛收集家长的建议，不断完善课程体系。此外，还要通过一日活动，观察教师与幼儿的成长，了解他们的需要。

2.教师——实践与反思。

教师是润真课程的直接实施者，要发挥课程评价的执行力，经常对班级实施的课程及效果进行评析。首先，要注重自我评价，运用专业知识审视各种教育活动，反思自己的教育观念和教育行为，发现问题，解决问题，促进自我发展。其次，要重视家长的评价，通过家长开放日、亲子活动、家长助教活动等，及时了解家长的看法和才能，取长补短，优化课程。此外，还要重视幼儿的评价，通过观察与交谈，全面深入了解幼儿的需求，推进班级的各项工作。

3.幼儿——体验与表达。

幼儿是润真课程的最终受益者，他们的体验与感受是评价课程质量的重要依据。幼儿对课程的评价往往通过他们的行为、语言和情绪来表现。因此，教师需要细心观察幼儿在学习过程中的表现，了解他们对课程内容的兴趣与态度，以及在课程中的成长与变化。

4.家长——关注与支持。

家长作为幼儿教育的重要参与者，对润真课程的评价主要关注课程内容是否有助于孩子的成长与发展。家长通过与孩子交流、观察孩子的行为变化以及参加幼儿园的活动等方式，了解课程的效果并向老师反馈。同时，家长还可以向幼儿园提出自己的建议和意见，以支持课程的改进与发展。

总之，润真课程的评价需要园长、教师、幼儿及家长共同参与，从多个角度进行考量。通过多元评价，可以更全面地了解课程的优点与不足，为课程的改进与发展提供有力的支持。

四、润真课程评价机制

（一）评价的组织

在整个润真课程的评价过程中，评价者不仅包括园长、保教主任，还涉及课题组成员以及所有教师。每个评价者都有明确的分工和负责的板块（见表1-3），确保与课程相关的各类活动能够有序进行，最终得出既适宜又真实的评价小结。

表1-3　润真课程评价者及负责板块

评价者	负责板块
园长	课程、课题
保教主任	课题组成员、课题、活动、教师
课题组成员	课题、活动、教师
教师	活动、幼儿、家长

（二）评价的工具

为了使润真课程的评价更详尽、客观和真实，课程开发者采用了多种评价工具，如区域活动观察记录、案例分析、教学活动反思、教师专业成长档案和学习记录等，其中有文字描述的，有绘画形式记录的，还有图文结合的。这些评价工具是由评价者根据自己的实际教育教学情况自主选择的。

五、润真课程评价指标

自2012年起，榆中县幼儿园便开始尝试探索润真课程的实践研究。经过十多年的探索，整个课程的研究和实施已初见成效。参与课程实施的人员包括幼儿、教师、家长以及管理者。在此基础上，课程评价的方式也从单一化走向了多元化，越来越重视对幼儿的发展性评价，并制定了相应的评价指标。这个评价体系使幼儿、教师、家长以及教学效果能够相互渗透、相互融合，形成了一个全面的课程实施评价体系。

（一）对幼儿的评价

对幼儿来说，作为润真课程评价中最重要的评价对象，主要采用发展性评价和过程性评价相结合的方式。这种评价方式主要关注幼儿参与活动的积极性，以及他们在活动过程中能否遵守规则、大胆操作和主动探究。通过这种评价方式，可以全面了解幼儿的发展状况，指导教师调整课程目标和优化教育策略，促进师幼共同成长。

1.幼儿参与主题活动的评价。

通过收集幼儿在活动中的照片、图表、作品以及活动观察记录等方式,可以清晰地展示主题教育活动的发展脉络和过程,同时也能反映幼儿在主题活动中的参与情况。这种评价方式,能够帮助教师全面了解幼儿最近的发展状况,从而便于教师进行活动的总结、回顾和反思,以积累宝贵的教学经验,提升未来的教育质量。

2.对幼儿的观察评价。

如:幼儿个体观察评价——"七星瓢虫"(见表1-4)。

表1-4　幼儿个体观察评价表

幼儿姓名	李其睿	观察时长	15分钟
观察过程	前2分钟	在院子里自由活动时,李其睿发现了一只七星瓢虫,这引起了其他小朋友的好奇心,他们也开始四处寻找。经过努力,几位小朋友也成功地找到了七星瓢虫,并小心翼翼地将它捧在手里进行观察。	
	中间8分钟	李其睿拉着乐乐和丽丽一边观察一边讨论起来:"为什么七星瓢虫不飞走呢?我们怎么这么容易就捉到它了?"乐乐回答道:"可能是因为瓢虫的身体上有圆点吧!"丽丽则补充说:"看,它的翅膀是半圆形的。"李其睿继续思考:"既然它有翅膀,为什么会在地上爬行呢?是不是因为它的翅膀受伤了,所以不能飞呢?"	
	最后5分钟	李其睿用木棍轻轻地触碰了瓢虫的翅膀,但瓢虫似乎并未感觉到,只是身体稍微倾斜了一下。他们又尝试大声呼喊,希望能够引起瓢虫的注意,让它动起来,但瓢虫依然没有动静。于是,李其睿非常小心地伸出手指,轻轻地触碰瓢虫的背部。这一次,瓢虫的翅膀微微动了动,似乎有了些许生命迹象。担心瓢虫会飞走,他们轻轻地、但更加仔细地把瓢虫拢在手心里。	
观察方法	直接观察法。		
观察手段	以视觉为主,同时还运用了其他感官。		
观察发现	在观察中,愿意与同伴共同观察,并结合自己的生活经验进行交流,同时发现问题:"为什么瓢虫不在空中飞呢?"		
观察表达	观察与思考是紧密联系的,通常通过语言来表达。当孩子们发现新事物时,他们可能会表现出惊讶;在讨论过程中,他们可能会发生争辩。一个宽松而自然的交流环境能够不断激发孩子们对观察的兴趣,并促进他们语言表达能力的提升。		

3.对幼儿的记录评价。

在集体教育和游戏等活动中,教师会仔细观察并记录幼儿的语言和行为。通过对这些行为的深入分析,教师可以探究背后的原因,评估幼儿的发展特点与成长状况,并及时提供恰当的指导,调整教育措施和方法,以更好地满足幼儿的发展需求。

如:幼儿发展观察实录与分析(见表1-5)。

表1-5　幼儿发展观察实录与分析表

教师姓名	沈小红	观察类型	随机观察		定向观察	√
观察对象	中四班	幼儿姓名	周书瑶	观察时间	2018年11月12日	
观察情景		建构区		实测时间	10分钟	

观察实录	在今天的区域活动中,书瑶选择了建构区。她有条不紊地选取所需的积木,并开始搭建。首先,书瑶将四个圆柱体积木放在地上,然后叠加两个最长的长方体积木。接着,她在长方体积木上横向铺设较薄的长方体积木。之后,她拿起两个拱形积木放在圆柱体之间,并添加多个三角形积木。整理好歪斜的三角形积木后,她用长方体积木围绕三角形积木加固结构,前面放置三块以形成围合。 随后,书瑶用小正方体积木填补剩余空间,并在两旁摆放细长的长方体积木,各边放置一个正方体积木,顶部都配有相同大小的三角形积木。她还立起许多薄的长方体积木围绕城堡,并在其上各边放置三个相同的三角形积木,中间再加一块三角形积木。 城堡搭好了,在入口两侧,书瑶放置了侧立的长方体积木,上面各有一个三角形积木。她还在前面铺设木板,最后用12个半圆形积木装饰门口,分成六组,周围铺满绿色积木,并以立体红色积木点缀。这样,她完成了自己的作品。
分析	1.幼儿的游戏行为通常具有明确的目标和一定的计划性。在开始搭建之前,书瑶会有意识地挑选所需的积木,并考虑其形状和数量。 2.幼儿在游戏中展现出思考与实践的能力。书瑶在搭建过程中,会边操作边进行调整,直至最终达成自己的目标。在这个过程中,她会根据观察和已有经验进行合理判断:需要将积木挪近,还是挪远?要挪多少?从而主动调节积木间的距离。 3.书瑶在搭建积木时采用的模式变得更加复杂,如对称和桥型等。她运用对称的原则,确保每次放置积木时左右两边的形状和数量相匹配。例如,如果一侧放置了圆形积木,另一侧也同样放置圆形积木;一侧是三角形积木,另一侧亦是如此。此外,门户和顶部使用的材料也遵循对称的规律。 4.《指南》科学领域中指出:幼儿可以初步感知生活中数学的有用和有趣。在搭建的过程中,书瑶用到了点数。她在搭建的时候,这边数几个积木,另一边也要数几个,直到两边一样才可以。 5.《指南》艺术领域中指出:幼儿能使用辅助材料装饰作品,表现建筑物的特征,有一定的规律和美感。在搭建活动的最后阶段,书瑶巧妙地使用了绿色的积木来代表小草,并在城堡前铺设了一片草坪。她还用红色积木作为树木,围绕城堡摆放,创造出宜人的美感。这种创造性的使用不仅展示了书瑶将物品象征性地用于其他目的的能力,也体现了积木游戏的高开放性,能够适应幼儿的多样需求和构建方法。通过这种方式,幼儿可以自由地根据自己的需求进行调整和组合,从而拥有充分的想象和操作空间。

4.对幼儿体能、体质的评价。

《指南》指出,要保证幼儿的户外活动时间,每日户外活动时间不少于2小时。阳光对孩子的成长至关重要,它有助于钙质的吸收,可以促进儿童骨骼的发育。因此，幼儿园要充分利用各种户外活动，让幼儿尽可能多地接受阳光、空气、雨雪等自然能量，增强体质，提高适应能力。根据季节变化和气温差异，安排各类户外活动，以增强幼儿对天气的感知和适应能力。

同时，榆中县幼儿园也对各班级的幼儿进行体能检测，目的是测试并分析不同年龄段幼儿的体质和体能。通过检测发现，小班幼儿的柔韧性普遍优于中班和大班幼儿，而且女孩子在柔韧性方面通常比男孩子表现得更好。不过，也有个别幼儿在坐位体前屈这一项目中得到了负分。

对照《指南》关于健康领域目标与体能检测的六项指标数据，发现：不同年龄段幼儿的发展水平与教师的日常保育和教育工作密切相关，那些热衷体育运动的教师所带班级的幼儿在体能检测中的达标率往往会更高。

幼儿体能检测标准（见表1-6至1-17）。

表1-6 10×2往返跑（秒）（男）

岁	5分	4分	3分	2分	1分
3	<8.0	8.0～9.0	9.1～10.2	10.3～12.8	12.9～15.8
3.5	<7.5	7.5～8.3	8.4～9.4	9.5～11.3	11.4～14.0
4	<6.9	6.9～7.6	7.7～8.5	8.6～10.1	10.2～12.4
4.5	<6.7	6.7～7.2	7.3～8.0	8.1～9.7	9.8～11.8
5	<6.4	6.4～6.9	7.0～7.6	7.7～8.9	9.0～10.3
5.5	<6.2	6.2～6.7	6.8～7.3	7.4～8.5	8.6～10.0
6	<5.8	5.8～6.2	6.3～6.8	6.9～7.9	8.0～9.4

表1-7 10×2往返跑（秒）（女）

岁	5分	4分	3分	2分	1分
3	<8.2	8.2～9.3	9.4～10.5	10.6～13.4	13.5～16.8
3.5	<7.7	7.7～8.6	18.7～9.7	9.8～12.0	12.1～14.9
4	<7.2	7.2～8.0	8.1～9.0	9.1～10.8	10.9～13.2
4.5	<7.0	7.0～7.6	7.7～8.5	8.6～10.2	10.3～12.4
5	<6.7	6.7～7.2	7.3～8.0	8.1～9.6	9.7～11.2
5.5	<6.4	6.4～6.9	7.0～7.6	7.7～9.0	9.1～10.5
6	<6.1	6.1～6.5	6.6～7.2	7.3～8.5	8.6～10.2

表1-8 立定跳远（厘米）（男）

岁	5分	4分	3分	2分	1分
3	>76	76～59	58～43	42～30	29～21
3.5	>84	84～70	69～53	52～35	34～27

续表1-8

岁	5分	4分	3分	2分	1分
4	>95	95~80	79~65	64~47	46~35
4.5	>102	102~89	88~73	72~55	54~40
5	>110	110~96	95~80	79~65	64~50
5.5	>119	119~103	102~90	89~70	69~56
6	>127	127~111	110~95	94~79	78~61

表1-9　立定跳远(厘米)(女)

岁	5分	4分	3分	2分	1分
3	>71	71~55	54~40	39~29	28~21
3.5	>81	81~65	64~50	49~34	33~25
4	>89	89~74	73~60	59~44	43~32
4.5	>96	96~81	80~68	67~50	49~40
5	>102	102~89	88~75	74~60	59~50
5.5	>109	109~96	95~82	81~66	65~54
6	>116	116~101	100~87	86~71	70~60

表1-10　网球掷远(米)(男)

岁	5分	4分	3分	2分	1分
3	>5.5	5.5~4.0	3.5~3.0	2.5~2.0	1.5
3.5	>5.5	5.5~4.5	4.0~3.0	2.5~2.0	1.5
4	>6.0	6.0~5.0	4.5~4.0	3.5~3.0	2.5~2.0
4.5	>8.0	8.0~6.5	6.0~4.5	4.0~3.0	2.5~2.0
5	>9.0	9.0~7.5	7.0~5.5	5.0~4.0	3.5~3.0
5.5	>10.0	10.0~8.0	7.5~6.0	5.5~4.0	3.5~3.0
6	>12.0	12.0~9.5	9.0~7.0	6.5~4.5	4.0~3.5

表1-11　网球掷远(米)(女)

岁	5分	4分	3分	2分	1分
3	>5.0	5.0~3.5	3.0~2.5	2.0~1.5	1
3.5	>5.0	5.0~4.0	3.5~3.0	2.5~2.0	1.5
4	>5.0	5.0~4.5	4.0~3.5	3.0~2.5	2
4.5	>5.5	5.5~4.5	4.0~3.5	3.0~2.5	2
5	>8.5	8.5~6.0	5.5~4.5	4.0~3.5	3.0~2.5
5.5	>8.5	8.5~6.5	6.0~5.0	4.5~3.5	3
6	>8.0	8.0~6.5	6.0~5.0	4.5~3.5	3

表1-12　坐位体前屈(厘米)(男)

岁	5分	4分	3分	2分	1分
3	>14.9	14.9~11.7	11.6~8.6	8.5~4.9	4.8~2.9
3.5	>14.9	14.9~11.6	11.5~8.5	8.4~4.7	4.6~2.7
4	>14.9	14.9~11.5	11.4~8.5	8.5~4.5	4.4~2.4
4.5	>14.4	14.4~11.0	10.9~8.0	7.9~4.2	4.1~1.8
5	>14.4	14.4~11.0	10.9~7.6	7.5~3.5	3.4~1.1
5.5	>14.4	14.4~11.0	10.9~7.6	7.5~3.3	3.2~1.0
6	>14.4	14.4~10.5	10.4~7.1	7.0~3.2	3.1~1.0

表1-13　坐位体前屈(厘米)(女)

岁	5分	4分	3分	2分	1分
3	>15.9	15.9~13.0	12.9~10.0	9.9~6.3	6.2~3.2
3.5	>15.9	15.9~13.0	12.9~10.0	9.9~6.3	6.2~3.5
4	>15.9	15.9~13.0	9.0~8.0	9.0~8.0	9.0~8.0
4.5	>16.0	16.0~13.0	12.9~10.0	9.9~6.0	5.9~3.0
5	>16.6	16.6~13.2	13.1~9.7	9.6~5.5	5.4~3.0
5.5	>16.7	16.7~13.0	12.9~9.7	9.6~5.5	5.4~3.0
6	>16.7	16.7~13.0	12.9~9.6	9.5~5.4	5.3~3.0

表1-14　走平衡木(秒)(男)

岁	5分	4分	3分	2分	1分
3	<6.6	6.6~10.5	10.6~16.8	16.9~30.0	30.1~48.5
3.5	<5.9	5.9~9.3	9.4~15.0	15.1~27.0	27.1~41.1
4	<4.9	4.9~7.3	7.4~11.5	11.6~21.5	21.6~33.2
4.5	<4.3	4.3~6.2	6.3~9.6	9.7~17.8	17.9~28.4
5	<3.7	3.7~5.2	5.3~7.8	7.9~14.0	14.1~22.2
5.5	<3.3	3.3~4.5	4.6~6.7	6.8~12.0	12.1~19.2
6	<2.7	2.7~3.7	3.8~5.3	5.4~9.3	9.4~16.0

表1-15　走平衡木(秒)(女)

岁	5分	4分	3分	2分	1分
3	<6.9	6.9~10.7	10.8~17.3	17.4~32.4	32.5~49.8
3.5	<6.1	6.1~9.6	9.7~15.0	15.1~27.4	27.5~40.4
4	<5.3	5.3~8.1	8.2~12.2	12.3~22.5	22.6~32.2
4.5	<4.7	4.7~6.9	7.0~10.1	10.2~18.6	18.7~26.5
5	<4.1	4.1~5.7	5.8~8.2	8.3~14.0	14.1~23.7
5.5	<3.6	3.6~5.0	5.1~7.4	7.5~12.5	12.6~20.1
6	<3.0	3.0~4.2	4.3~6.1	6.2~10.7	10.8~17.0

表1-16 双脚连续跳跃(秒)(男)

岁	5分	4分	3分	2分	1分
3	<6.6	6.6~9.1	9.2~13.0	13.1~19.6	19.7~25.0
3.5	<6.1	6.1~8.2	8.3~11.1	11.2~16.9	17.0~21.8
4	<5.6	5.6~7.0	7.1~9.1	9.2~13.1	13.2~17.0
4.5	<5.3	5.3~6.4	6.5~8.1	8.2~11.2	11.3~14.5
5	<5.1	5.1~5.9	6.0~7.2	7.3~9.8	9.9~12.5
5.5	<4.9	4.9~5.6	5.7~6.8	6.9~9.3	9.4~11.9
6	<4.4	4.4~5.1	5.2~6.1	6.2~8.2	8.3~10.4

表1-17 双脚连续跳跃(秒)(女)

岁	5分	4分	3分	2分	1分
3	<7.1	7.1~9.7	9.8~13.4	13.5~20.0	20.1~25.9
3.5	<6.2	6.2~8.4	8.5~11.2	11.3~17.0	17.1~21.9
4	<5.9	5.9~7.3	7.4~9.5	9.6~13.4	13.5~17.2
4.5	<5.5	5.5~6.7	6.8~8.5	8.6~11.9	12.0~14.9
5	<5.2	5.2~6.1	6.2~7.5	7.6~10.0	10.1~12.7
5.5	<4.9	4.9~5.7	5.8~6.9	7.0~9.2	9.3~11.5
6	<4.6	4.6~5.2	5.3~6.2	6.3~8.3	8.4~10.5

(二)对教师的评价

对教师来说，评价的过程不仅是教师运用儿童发展与教育心理学、学前教育原理等专业知识对教育活动进行评价，而且还是在课程实施和教育实践中，发现、分析、研究、解决问题的过程，同时也是教师专业化成长的重要途径。

1.一日活动组织评价。

在课程中，教师既是组织者，也是评价者，同时又是被评价对象。根据评价对象和评价目的的不同，教师使用相关的评价表对教育活动进行现场观察、记录，再通过相应的评价指标进行评价。

一日活动组织评价主要评价教师开展教育活动及一日生活各环节的准备和指导。通过评价，促使教师规范开展教育活动，明确一日生活各环节的要求，保证教育质量。

如：榆中县幼儿园教师一日活动组织评价表（见表1-18）和榆中县幼儿园教学活动评分标准（见表1-19）。

表1-18 榆中县幼儿园教师一日活动组织评价表

项目		内容	评价			补充说明
			好	一般	需改进	
教师工作	主班	带班有计划,能按计划实施				
		集体教学准备充分(教具、教学过程)				
		各活动内容安排得当				
		各活动环节组织紧凑				
		能注意观察幼儿				
	配班	按流程进行通风、清洁、消毒工作				
		保证幼儿的饮水量;餐前用干净毛巾擦桌子				
		组织幼儿有序进餐、如厕、饮水				
		保持活动室整洁				
幼儿一日生活	个人卫生	保持自身仪表整洁				
		剪指甲、带手绢(餐巾纸)				
	盥洗	能用正确的方法洗手				
		节约用水				
	进餐	坐姿端正,安静进餐				
		不挑食、不偏食				
		餐后能收拾饭桌				
		值日生能为小朋友发放餐具				
	如厕	有序排队,轮流如厕				
		大小便入池				
		不在走廊打闹、乱跑				
		男女分开如厕				
	饮水	按需饮水				
		能排队接水,不玩水杯				
		不浪费水				
	交往	能主动使用礼貌用语,谦让同伴				
		遵守一日生活常规,能控制自己的情绪				
		爱护公共设施,保持环境整洁				
	户外活动	在老师视线范围内活动,不做危险动作				
		遵守游戏规则,积极性高				
	早操	按时参加早操,并精神饱满				
		动作有力、舒展、基本到位				
	集体学习	保持正确的坐、立、行姿势				
		注意力集中,不做小动作				
		能细心观察,积极参与活动				
		认真倾听老师及同伴讲话				
		举手,大胆表达自己的想法				
		会整理学习用品				

班级: 主班教师: 配班教师: 日期:

表1-19　榆中县幼儿园教学活动评分标准

授课教师		授课地点		授课班级	
活动名称				授课时间	
项目	评分标准				得分
教育理念 （10分）	①教师教育思想、教学理念符合《纲要》要求 ②注重启迪幼儿的创造性思维，培养幼儿的动手能力和探究精神				
教育活动设计 （10分）	①教育活动计划目标具体、明确，思路清晰 ②教育活动设计科学、层次清楚，有创新意识，符合幼儿认知水平 ③教育活动设计书写规范、文字简练 ④教具准备充分、适当、实用、安全，利于操作				
教师基本素质 （10分）	①仪表整洁，教态大方、亲切，精神饱满，有激情，有感染力 ②普通话标准，语言规范、简练 ③具有较强的组织能力、应变能力以及课堂驾驭能力 ④专业技能技巧娴熟，示范和演示规范、到位				
教育活动过程 （30分）	①游戏为主要形式，能较好地体现以幼儿为本，师幼、同伴关系融洽，气氛活跃 ②结构严谨，层次清晰，过渡合理，自然流畅 ③教师的指导有创新，能兼顾群体需求和个体差异 ④注重幼儿在活动中行为习惯的培养				
教育活动方法 （10分）	①教育方法运用恰当，利于引导幼儿主动学习，能激发幼儿积极主动地思考、探索和参与 ②富有启发性、灵活性、合理性和针对性 ③能促进幼儿的思维发展				
教育活动内容 （10分）	①教育活动内容科学准确，重点突出，能抓住关键，突破难点 ②注重幼儿良好行为习惯和情感的培养 ③注重幼儿动手操作和探究能力的培养				
教育活动效果 （10分）	①教育目标基本达成 ②全体幼儿积极配合，主动参与，思维活跃 ③幼儿在活动中有愉快的情绪体验				
自评（5分）	①教育活动所体现的教育理念，符合《纲要》的基本精神 ②教育活动设计思路、重难点的突破进程及教育活动特点 ③教育方法和教育手段的运用，对完成教育活动所发挥的作用 ④理论联系实际，对教学活动效果做出客观评价				
综合评价（5分）	①教师能够根据幼儿的反应及时调整教学策略，确保活动顺利进行 ②活动环境的安全性、整洁度、美观性和舒适性，能够为幼儿提供一个促进他们健康成长和全面发展的优质环境 ③教师能够营造轻松、愉快的氛围，促进幼儿的交流和合作				
	实际得分				

2.教师专业成长评价。

为了科学地记录和反映教师在课程研究过程中的成长，促进教师对课程的建设与推进以及自我实现的需求，进一步完善教师发展性评价体系，幼儿园建立了教师专业成长档案册，在成长档案册中可以看到教师在课程实践过程中的成长足迹。

（1）教师心得、反思。

教师心得和反思是教师在课程实施中较为真实的教学情感的反映，渗透着教师的真情实感。阅读教师的教育心得和反思，能全面把握课程实施中教师的态度、行为和情感，了解其课程理念的不断更新以及在课程实施中的成长经历。

（2）教师课程理念的转变。

在传统教学中，教师有现成的参考用书可以使用，而随着润真课程对本土教育资源的开发和利用，教师的课程理念发生了转变。他们需要翻开大自然这本鲜活的教科书，将大自然变成幼儿的观察室、研究室和实验操作室，根据季节的变换，以及幼儿天生好奇、好问、好动的天性开发润真课程，设计教学活动。如：大班社会实践活动："走进素朴李家庄"（见图1-4）。

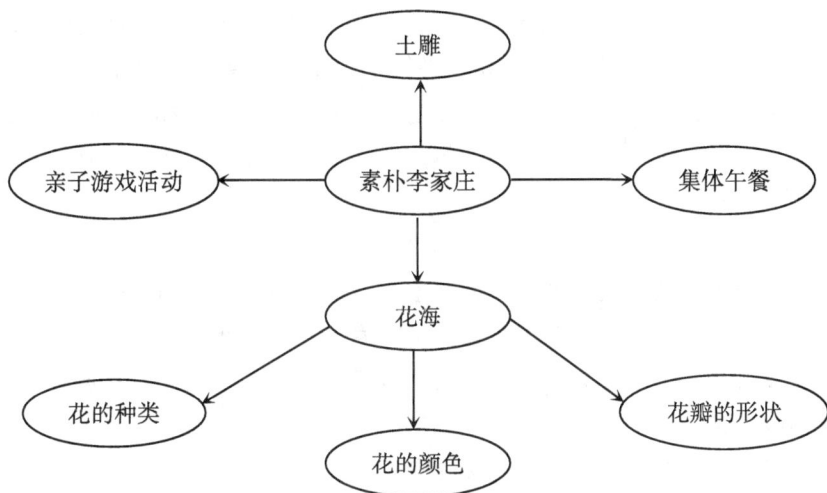

```
                        ┌──────┐
                        │ 土雕 │
                        └──────┘
                           ↑
┌──────────┐         ┌────────────┐         ┌──────────┐
│亲子游戏活动│ ←────── │ 素朴李家庄 │ ──────→ │ 集体午餐 │
└──────────┘         └────────────┘         └──────────┘
                           ↓
                        ┌──────┐
                        │ 花海 │
                        └──────┘
              ↙            ↓            ↘
      ┌──────────┐  ┌──────────┐  ┌────────────┐
      │ 花的种类 │  │ 花的颜色 │  │ 花瓣的形状 │
      └──────────┘  └──────────┘  └────────────┘
```

图1-4　大班社会实践活动："走进素朴李家庄"

（3）教师课程创造力的提升。

教师对课程资源的利用不再局限于参考用书，而是从幼儿的实际生活出发，生成班本课程，从课程的缘起、目标、实施等环节设计课程，充分体现幼儿的主体性。

（三）对家长的评价

在参与润真课程的实施过程中，家长不仅加深了对幼儿园的了解，还潜移默化地提升了他们参与课程建构的意识和科学育儿的水平。对家长的评价主要体现在以下几个方面：

1.家长在履行职责的过程中评价课程。

家长参与润真课程的主动性和积极性，主要体现在家长是否真正把参与课程当作是履行家长的职责，是否感受到幼儿的需要及教师面临的问题和需求，是否想帮助教师解决所遇到的问题。

2.家长在参与活动的过程中评价课程。

家长只有参与幼儿园课程实施的过程，才能真正了解幼儿园的课程特色，了解幼儿的需要，了解教师为幼儿所做的努力，了解家长的作用。家长只有对幼儿园有所了解，才会认可幼儿园教师的教育理念。

3.家长对课程实施效果的评价。

润真课程的核心特色在于通过实践来学习，在这一过程中，家长能够体验到个人成长。只有通过亲身参与幼儿园的课程实施，家长才能深刻理解幼儿园的教育理念，了解不同年龄段孩子的需求，认识到教师为促进孩子发展所付出的努力及家长角色的重要性。而幼儿园教师的教育理念和对深入了解幼儿的热忱，往往能极大地激发家长积极参与课程的热情。

家长的态度经历了显著的变化：最初，他们对幼儿园频繁开展大型活动感到疑惑，随后转变为期待这些活动的举办，最终他们不仅期待，还主动询问能否参与其中，甚至提出愿意为这些活动出力。这种变化深刻反映了家长内心的真实转变。

一篇由大班家长撰写的社会实践心得进一步揭示了家长在参与润真课程实施过程中所获得的成长和发展：

大自然是孩子们最广阔的教室，处处蕴含着教育契机。在阳光明媚的一天，我有幸参与了榆中县幼儿园组织的社会实践活动。在活动中，我目睹了孩子们在老师的指导下积极地参与学习，并了解了榆中县幼儿园是如何利用本地资源开展特色活动，让孩子们在实践中学习知识。

孩子们根据任务清单进行了观察和实践，通过绘画，记录了他们所看到的景象。这不仅让他们对农耕文化和花卉的多样性有了更深入的了解，也锻炼了他们观察、记录和解决问题的能力。亲子游戏让我们这些成人也重新找回了童年的乐趣，大家在没有电子设备的环境中共享欢乐时光。

此外，草地上的午餐经历教会孩子们交流与分享的重要性。家庭成员和小伙伴们聚在一起，强化了家庭和集体的观念。这样的户外实践活动不仅提升了老师的组织能力，也让孩子们增长见识、亲近自然，同时增强了团队意识。最重要的是，它促进了家庭与幼儿园之间的交流合作，给大家留下了美好的记忆。

实·践·篇

在历史的长河中，许多哲学家和智者不断探索人的本性及对真理的追求。"润行求真，绽放天性"代表了我们对这种智慧的追随——一种旨在实现幼儿园教育与社会和谐共生的不懈探索与实践。这一理念认为，每个人都有其独特的天资和个性，我们的目标就是通过多样化的活动、课程和实践机会，让每个人都能在这片教育的沃土上自由成长，如同花朵在盛夏花园中绚烂开放，展示出自己最耀眼的光彩。我们鼓励每个人在自己擅长的领域中尽情发展，为这个世界增添独特而绚丽的色彩。

第一节　教学设计

一、润游戏之爱，育健康之美

手心手背

活动领域

健康

班级

小班

教学理念

幼儿园以游戏为基本活动，在游戏中，幼儿的社会性得到发展，幼儿各方面的能力得到培养和提升。

设计意图

民间游戏"手心手背"是进行其他游戏的基础，幼儿只有在掌握这一游戏技能的基础上，才能使其他游戏顺利进行。小班幼儿的合作能力不强，组织本次活动有助于加强幼儿与同伴之间的合作。

活动目标

1.学习手心手背的游戏玩法。

2.愿意与同伴交往和游戏，感受与同伴游戏的快乐。

活动重点

掌握手心手背的游戏玩法。

活动难点

愿意与同伴交往和游戏。

活动准备

1.节奏欢快的音乐。

2.活动场地。

活动过程

1.热身运动。

播放节奏欢快的音乐，教师带领幼儿一起做拍手操。

2.将幼儿分成3人一组，每组围成一个圆圈。

3.教师示范并讲解游戏玩法。

（1）请所有幼儿将自己的一只手背后，然后集体齐声说："手心手背。"当念到"背"字时，所有幼儿伸出手，手心可以朝上，也可以朝下，直到其中一个幼儿与其他两人不同时，游戏暂停，这个人即为胜利者。此游戏可以反复进行。

（2）将胜利者分成5人一组，每组围成一个圆圈，其他幼儿4人一组，每组围成一个圆圈，继续进行游戏。

4.通过"手心手背"的游戏，将幼儿分成两队，活动结束。

教学反思

在游戏过程中，大部分幼儿能积极参与活动，也愿意和其他幼儿一起分享游戏的快乐。如果教师也参与游戏活动，不仅能激发幼儿对游戏的兴趣，使游戏变得更加有趣，还能提高幼儿参与游戏的积极性。

我的小小手

活动领域

健康

班级

小班

教学理念

《指南》围绕幼儿小肌肉动作的发展提出了"手的动作灵活、协调"的发展目标。幼儿手部动作的发展对实现自身发展以及适应社会生活具有重要意义。例如，幼儿手部的动作能力是实现生活自理最为重要的基础，也是学习使用工具（如剪刀）以及进行绘画、写字等活动的重要基础。手部动作的发展是以协调和控制两个能力的发展为主要标志的，它在很大程度上依赖于肌肉神经的快速与准确反应，这是神经控制与调节能力发展的重要表现。根据小班幼儿年龄特点，设计"我的小小手"活动，目的是让幼儿知道每个人都有两只手，只有多动手，勤动手，手才会变得很能干。

设计意图

手是幼儿最常用、最熟悉的身体的一部分，幼儿每天会用双手做许多事情。但是，小班幼儿对自己的双手认识还不够明确，不能分辨和说出自己手指的名称。幼儿手部动作的发展对于适应社会生活以及实现自身发展具有重要的意义。设计本次活动，目的是通过让幼儿认识手，知道手的重要性，学会保护自己的小手。

活动目标

1.了解手的外部结构，能说出手心、手背、指甲以及五指的名称。

2.掌握手各部分的用途，知道自己的双手很能干。

3.喜欢自己的双手，知道保护双手的方法。

活动重点

知道手的各部分的用途以及手指的名称。

活动难点

体会自己的小手很能干。

活动准备

介绍手的作用的课件。

活动过程

1.导入活动。

师：小朋友，请你们把自己的小手伸出来，跟着老师一起做运动。

小手小手拍一拍，我把小手放下来。

小手小手拍一拍，我把小手往前伸。

小手小手拍一拍，我把小手往后伸。

小手小手拍一拍，我把小手抱起来。

小手小手拍一拍，我把小手藏起来。

小手小手拍一拍，我把小手举起来。

2.观察自己的双手，知道手指的名称。

（1）请幼儿伸出自己的双手，仔细观察，说一说：你们有几只手？手由哪几部分组成？

（2）教师小结：每个人一共有十根手指，长得又粗又矮的是大拇指，站在大拇指旁边的是食指，个子最高的是中指，长得又瘦又小的是小拇指，剩下没有名字的叫无名指。

（3）教师随意伸出一根手指，请幼儿快速说出它的名称，帮助幼儿熟悉手指的名称。

3.认识手心、手背。

教师向幼儿介绍：我们的手一面是手心，一面是手背，手指上还长着指甲。

4.通过观看课件，了解手的用途。

（1）教师播放课件，请幼儿仔细观察，并说一说：他们的手能做什么？

（2）教师请幼儿讨论：手还能做什么事情？

师：小朋友们的小手真能干，可以做这么多的事情。那么，请你们想一想，怎样

才能使自己的双手更能干?（引导幼儿说出自己的事情自己干，要多动手，勤动手）

5.知道手的重要性，学会保护自己的双手。

（1）教师组织幼儿讨论：应该怎样保护自己的双手?

（2）教师小结：小朋友要勤洗手，勤剪指甲，不吸吮手指，不玩刀子、剪子，冬天要戴上手套，以免冻伤双手。

6.延伸活动：教师组织幼儿一起用手变魔术、做手指游戏，在游戏中加深幼儿对手的认识。

教学反思

在本次活动中，通过讨论、探索感知和谈话小结的方式，逐步深入，环环相扣，活动目标基本达成。

首先，幼儿通过观察、比较、游戏等形式来认识自己的双手，知道每个人都有一双手，手包括手心、手背和手指，每根手指都有自己的名称和作用。然后，幼儿通过实际操作，发现双手能够完成许多任务。教师通过引导和提问，帮助幼儿树立自己的事情自己做的意识，从而提升幼儿的自理能力。最后，通过自我观察的方式，幼儿知道了怎样保护自己的双手。在整个活动过程中，幼儿兴趣浓厚，参与性强，活动过程轻松愉悦，幼儿的自我保护意识也得到强化。

走田埂

活动领域

健康

班级

小班

教学理念

《纲要》中明确指出：培养幼儿对体育活动的兴趣是幼儿园体育活动的重要目标，要根据幼儿的年龄特点组织生动、有趣、形式多样的体育活动，调动幼儿参与游戏的积极性。在"润真"文化的背景下，本次活动旨在培养幼儿对体育活动的兴趣，提高其动作的协调性和灵活性，发展幼儿的体能，培养幼儿坚强、勇敢、不怕困难的意志品质和主动、乐观的心态。

设计意图

根据幼儿的实际情况，以"走田埂→收苹果→运水果"的游戏情景串联整个活动；合理安排练习强度，达到锻炼身体的目的；利用本园丰富的材料和环境，以幼儿最喜欢的游戏方式发展其基本动作，提高动作的协调性，体验体育游戏活动带来的快乐。

活动目标

1.能够一个跟着一个沿地面直线向前走，做到不推搡其他同伴。

2.通过游戏活动，锻炼幼儿的平衡能力。

3.通过有趣的情景游戏，感受体育游戏活动带来的快乐。

活动重点

提高幼儿的平衡能力。

活动难点

幼儿在田埂上沿着直线向前走。

活动准备

苹果、篮子、田埂（平衡木）。

活动过程

1.热身运动。

（1）教师带领幼儿在跑道上做热身运动。

（2）沿直线慢走。

（3）组织"开火车"的游戏。

2.情景创设。

师：果园里的苹果成熟了，兔子阿姨在果园里摘了许多苹果，你们想不想帮兔子阿姨把苹果运回去呀？可是，到兔子阿姨的果园要经过一段田埂，只要你们掌握了过田埂的方法，就可以顺利地到达果园。

3.游戏一：走田埂。

（1）教师一边示范，一边讲解走田埂的动作要领：眼睛向前看，两臂侧平举，保持身体平衡，沿田埂向前走。

（2）幼儿站成一路纵队，一个跟着一个走。教师提醒幼儿要保持距离，不推搡其他小朋友。

（3）教师引导幼儿通过观察、体验，掌握游戏规则，锻炼身体的平衡能力。

4.游戏二：运苹果。

（1）请幼儿尝试双手各提一个篮子来回走，锻炼身体的平衡能力。

（2）请幼儿站成一路纵队进行"运苹果"的游戏。教师巡回观察，提醒幼儿注意安全。

5.放松活动。

（1）幼儿跟随音乐与教师一起做放松运动。

（2）师：小朋友，今天，你们帮兔子阿姨把苹果运回家，兔子阿姨非常开心，请你们互相握手，拥抱一下吧！

教学反思

通过本次活动，小班幼儿学会了一个跟着一个走，避免推搡的游戏规则。在走田埂的时候，让幼儿两臂侧平举，掌握保持平衡的方法。在完成走田埂后，幼儿对游戏的兴趣依然很高。于是，教师加大了游戏的难度，让幼儿两手各提一篮苹果，再次尝试，进一步锻炼他们的平衡能力。本次活动的安排合理地调整了练习强度，达到了锻炼身体的目标。

在活动中，教师特别关注了胆小、不敢过田埂的幼儿，鼓励他们勇敢地挑战自己。这些幼儿在活动中取得了显著的进步，尤其是在第二次尝试过田埂时，他们已经能够独立完成任务，不再需要老师的帮助。然而，他们过田埂的速度对其他幼儿的进程造成了一定影响。在未来的课程中，教师要尽可能地做到对个别幼儿因材施教的同时，也要关注其他幼儿消极等待的现象。

荷花荷花几月开

活动领域

健康

班级

中班

教学理念

体育游戏是幼儿体育活动中的重要组成部分，其情节有趣，形式活泼多样，符合幼儿生理和心理年龄特点，易于激发幼儿探索的欲望和参与的兴趣。

设计意图

本次活动，以儿歌问答的形式营造氛围，创设情景，使幼儿从"模仿学习"走向"探索学习"，从"被动参与"走向"主动参与"。

活动目标

1.尝试仿编儿歌，探索新的游戏玩法。

2.学习在一定范围内四散追逐跑。

3.对游戏活动感兴趣，体验与同伴一起游戏的快乐。

活动重点

学习在一定范围内四散追逐跑。

活动难点

仿编儿歌。

活动准备

1.提前了解儿歌《荷花荷花几月开》。

2.知道桃花、菊花等花卉的开花时间。

活动过程

1.热身活动。

教师带领幼儿一边朗诵儿歌《荷花荷花几月开》，一边做相应的动作，引导幼儿在做热身运动的同时，熟悉儿歌内容。可多重复几遍，直至会念儿歌。

2.游戏：荷花荷花几月开。

（1）教师介绍游戏规则：要等儿歌念完才能跑；不能跑到远离教师的地方；当教师喊小荷花的时候，要给予回应，并快速返回原来的位置。

（2）教师介绍游戏玩法：幼儿围成一个大圆圈，请2～3个幼儿蹲在圈内扮演"荷花"，圈外的幼儿一边念儿歌，一边围着"荷花"绕圈行走。幼儿和中间的"荷花"以问答的方式进行游戏。当问到"六月荷花朵朵开"时，圈外的幼儿做开花动作，四散跑开，圈内的"荷花"开始追逐圈外的幼儿，以抓到圈外幼儿为胜。

（3）教师先示范游戏的玩法，请幼儿仔细观察，熟悉游戏规则。

（4）幼儿进行游戏，教师巡回指导，提醒幼儿在游戏中要注意安全，避免发生碰撞。

3.仿编儿歌。

（1）请幼儿自由讲述花名，根据花卉开花的时间，引导幼儿按照儿歌《荷花荷花几月开》的歌词形式进行回答。

师：小朋友，除了荷花，你们还认识哪些花？它们都是几月开花的？

刚才你们是怎样问荷花的，请你们尝试问一问桃花，好吗？（桃花桃花几月开？一月开。一月不开几月开？二月开。二月不开几月开？三月桃花朵朵开）

（2）教师引导幼儿说出花开的月份，提醒幼儿有节奏地念儿歌。

4.教师与幼儿一起进行角色扮演游戏。

教学反思

在活动中，幼儿积极参与，能根据教师的指令进行游戏，体验游戏活动带来的乐趣。通过游戏活动，幼儿知道了不同花朵的开花月份，学会仿编儿歌，并能够在一定范围内四散追逐跑，基本实现了活动目标。

然而，由于幼儿人数较多，导致每个幼儿抓到的次数少，部分幼儿的参与感不强。在以后进行类似游戏时，教师可以通过增加"荷花"角色的人数或采取分组游戏的方式，让每个幼儿都有机会成为游戏的主角。

附：儿歌

荷花荷花几月开

荷花荷花几月开？一月开。

一月不开几月开？二月开。

二月不开几月开？三月开。

三月不开几月开？四月开。

四月不开几月开？五月开。

五月不开几月开？六月荷花朵朵开。

玩沙包

活动领域

健康

班级

中班

教学理念

以《指南》中指出"幼儿具有一定的平衡能力，动作协调、灵敏"的目标为教育思想的主线，将集体教学视为师幼间的交流，营造轻松、愉悦的课堂氛围，重视幼儿参与意识的培养。

设计意图

选择"玩沙包"作为中班健康领域的活动，主要是为了强调学龄前儿童进行运动的重要性。通过提供丰富而具有挑战性的活动材料，可以有效激发幼儿的游戏兴趣，进而增加他们的运动量。本次教学活动巧妙地将幼儿感兴趣的沙包融入整个游戏过程，让幼儿在游戏中全身各部位都能得到有效锻炼。

活动目标

1.探索沙包的不同玩法，发展幼儿的创造力、协调能力及合作能力。

2.锻炼幼儿抛、扔、投及躲闪的能力。

3.能遵守游戏规则，体验与同伴合作游戏带来的乐趣。

活动重点

促进幼儿平衡能力的发展。

活动难点

训练幼儿双腿夹沙包跳跃的动作。

活动准备

沙包若干。

活动过程

1.准备活动。

（1）教师带领幼儿做"开火车"动作进入活动场地。

（2）热身活动。

2.探索沙包的不同玩法。

（1）教师出示沙包，并提问：这是什么？沙包是由什么材料做成的？

（2）请幼儿相互说一说：沙包里面可以装入哪些东西？

3.教师请幼儿自由探索沙包的玩法。

4.教师请个别幼儿介绍自己的玩法。

（1）头顶沙包走路。请幼儿将沙包放在头顶上，自由走动，提醒幼儿注意不要让沙包掉下来，不能用手去触碰沙包。

（2）双腿夹沙包跳。将沙包放在两腿之间夹住，然后向前跳跃。

（3）手托沙包行走。将沙包放在手上托着，然后向前行走。在行走的过程中，保持身体平衡，不能让沙包掉下来。

（4）小蚂蚁运粮。将沙包放在后背上，躬着腰行走。在行走的过程中，不能让沙包掉下来，不能用手去触碰沙包。

（5）脚背沙包走。将沙包放在脚面上向前行走，保持身体平衡，不能让沙包掉下来。

5.请幼儿集体尝试以上几种沙包的玩法。

6.游戏一：沙包比赛。

（1）游戏玩法：将幼儿分成两组，给每个幼儿发放一个沙包，然后请幼儿双腿夹住沙包，学习小白兔跳跃前进到达终点；幼儿到达终点后，将沙包顶在头上，慢慢走回起点，或手拿沙包迅速返回起点，交给下一个幼儿继续进行游戏。由教师当裁判员，两组同时进行游戏，先运完的小组为获胜组。

（2）游戏规则：如果中途出现沙包掉落，要放好后继续前进。

7.游戏二：障碍夹包跳。

在游戏一的基础上，教师可设置障碍物，增加游戏难度，提高幼儿夹包跳跃的能力。

8.教师带领幼儿一起进行放松运动，活动结束。

教学反思

游戏是幼儿最好的学习方式之一。在"玩沙包"的游戏中，幼儿得到了多方位的发展。然而，无论教师在游戏开始前对游戏的预设有多完善，都不可能完全预测幼儿在游戏中的动态发展。因此，教师需要在活动中多关注幼儿的兴趣、经验和表现，适时调整游戏的难度。只有动态地推进游戏，幼儿才会越来越喜欢游戏，才能促进活动目标的达成。

本次游戏活动，大多数幼儿完成得很不错，但仍有少数幼儿不能很好地进行合作游戏。这就需要教师在游戏中及时给予引导，帮助他们更好地参与游戏。

玩石子

活动领域

健康

班级

大班

教学理念

游戏是幼儿教育的重要手段。在游戏中，教师要尊重幼儿的主体地位，尊重幼儿的意愿，尊重幼儿的兴趣，让幼儿在游戏情景中积极主动地探索和发现，以自己的方式去获得生活经验。我国著名教育家陈鹤琴先生强调：儿童从游戏中获得的快乐越多，对游戏的兴趣越浓厚；反之，快乐少，兴趣也越少。因此，教师应关注幼儿在游戏中的愉悦程度，不能让游戏成为一种任务。

设计意图

随着科技的进步，传统游戏逐渐被电脑和手机游戏所取代，这些游戏形式正影响着孩子们的身心健康。如何让幼儿感受民间传统游戏的魅力，拥有健康快乐的童年呢？《指南》中提出：教师要创造各种条件和机会，锻炼幼儿手部动作的灵活性和协调性。基于幼儿对石子的兴趣，教师结合本土资源，挖掘了与"石头"有关的民间游戏。通过抛、接、撒、抓等动作，引导幼儿探索石子的多种玩法，激发幼儿玩石子的兴趣。在游戏活动中，培养幼儿坚强、勇敢、不怕困难的意志品质以及主动、乐观的态度。

活动目标

1.探索石子的多种玩法，激发玩石子的兴趣。

2.通过抛、接、撒、抓等动作，锻炼幼儿手眼协调的能力，促进幼儿专注力的发展。

3.喜欢参加体育游戏，体验体育游戏活动带来的乐趣。

活动重点

掌握抛、接、撒、抓等玩石子的技巧，探索石子的多种玩法。

活动难点

能手眼协调地玩石子。

活动准备

每人5颗光滑均匀的石子。

活动过程

1.导入活动。

（1）教师示范"抓石子"的游戏，请幼儿观看，通过提问，引出活动主题。

（2）提问：小朋友，你们知道老师在干什么吗？老师是怎样玩石子的？请你们说一说。

2.幼儿尝试，自由探索石子的玩法。

（1）幼儿自由玩石子。

（2）幼儿分享、交流：你是怎么玩的？玩的时候遇到了什么困难？有什么办法可以解决？

3.幼儿再次尝试玩石子，教师引导幼儿在游戏中掌握抛、接、撒、抓等玩石子的技巧。

4.练习抓石子。

（1）抛一颗石子，拍一下地面，接住石子。

（2）抛一颗石子，看一下石子，接住石子。

（3）把5颗石子撒在地上，拿起1颗向上抛，在石子落下之前抓起桌子上的另一颗石子，同时接住落下的石子。再将接住的石子放在另一个手中，重复挑战。

5.幼儿两人一组进行游戏，教师巡回指导。

6.教师总结，活动结束。

教学反思

抓石子游戏看似简单，但对幼儿来说具有一定的挑战性。因此，在活动开始前，教师不仅要备课，还要"备"幼儿，只有充分了解幼儿的经验储备，才能为教学活动的顺利开展奠定基础。在本次活动中，由于教师没有充分了解幼儿的发展水平，导致大部分的幼儿没有达到预期的活动目标。然而，教师根据活动情况及时调整了游戏难度，让大多数幼儿都能体验到成功的快乐。此外，教师的示范一定要使全体幼儿都能观察到，对于幼儿在活动中遇到的问题，教师也要及时给予针对性的指导。虽然本次活动没有完全达到预设的教学目标，但幼儿参与的积极性很高，师幼互动得很好。

在活动中，教师利用本土材料对传统游戏进行创新改编，引导幼儿探索石子的新玩法，使民间游戏焕发新的活力。同时，幼儿在游戏中能够遵守规则，体验游戏的快乐，这也有助于民间游戏的传承和推广。

挑木棍

活动领域

健康

班级

大班

教学理念

游戏是幼儿活动的基本方式。幼儿的学习活动是在低结构游戏材料的组合中，经过不断地尝试，寻找适合自己的方法，从而实现一物多玩的目标。传统民间游戏蕴含着丰富的社会文化内涵，对幼儿的成长至关重要。民间游戏材料虽然简单，但是玩法多样，它有助于培养幼儿独立思考和动手创作的能力，促进幼儿多方面能力的发展。民间游戏是否能顺利进行，取决于幼儿对游戏规则的理解、对自我的评价以及对他人的监督。游戏中的输赢有助于培养幼儿良好的情绪管理和情感表达能力，增强其面对挫折的能力，发展辨别是非的能力以及正确评价自己和他人的能力，从而使幼儿形成良好的学习品质。

设计意图

在老师们的童年时光里，虽然没有奢华的玩具陪伴，但那些简单的自然游戏材料却带给他们无尽的欢乐。捉迷藏、抓石子、跳皮筋、滚铁环等民间传统游戏，是他们与小伙伴们共同度过的快乐时光。然而，如今的孩子似乎缺少了这些游戏体验，他们的业余活动更多地集中在乐高、绘画、跳舞等方面。为了弥补这一缺失，"挑木棍"活动应运而生。这个游戏材料简单，容易学习，也不受时间和空间限制。它旨在通过让幼儿掌握基本的挑木棍技巧来锻炼手眼协调能力和小肌肉群的发展。

活动目标

1.学习挑木棍的方法，锻炼幼儿的手眼协调能力，促进小肌肉群的发展。

2.通过"挑木棍"的游戏比赛，使幼儿具有规则和竞争意识。

3.探索木棍的多种玩法，体验民间游戏活动带来的乐趣。

活动重点

发展幼儿与同伴间的协作能力和竞技能力。

活动难点

幼儿能手眼协调地进行"挑木棍"游戏。

活动准备

1.幼儿人手一个相同的塑料小棒。

2.与民间游戏有关的图片。

3."挑木棍"的游戏视频。

活动过程

1.导入活动。

教师出示与民间游戏有关的图片，请幼儿仔细观察，引出活动主题。

师：老师小时候玩过很多你们没有玩过的游戏，比如：滚铁环、抓石子、跳房子……你们想知道这些游戏是怎么玩的吗？让我们一起看一看。

2.游戏：挑木棍。

（1）请个别幼儿自由尝试"挑木棍"的游戏，其他幼儿观察，并讨论挑木棍的方法。

（2）观看"挑木棍"的视频，学习"挑木棍"游戏的方法。

（3）教师一边示范游戏玩法，一边讲解游戏规则。

游戏规则：两个幼儿对战，一个幼儿把所有的小棍子握在手中，贴着地面松拳，使小棍子都散开。先取完全散开的小木棍，然后再用挑、点、拿的方法取叠在一起的小木棍。要求在取小棍的时候，其他小棍不能动，如果动了，就换对方游戏。此游戏可交替进行。

（4）幼儿两人一组进行游戏，教师巡回指导，提醒幼儿遵守游戏规则。

3.教师引导幼儿自由讨论游戏过程中存在的问题和解决方法。

4.延伸活动：在家庭中，幼儿可以与自己的家人一起玩"挑木棍"游戏。

教学反思

"挑木棍"游戏着重训练幼儿的手眼协调能力以及手部小肌肉群的灵活性和协调性。在活动中，幼儿能够积极地参与，在学习挑木棍技法的基础上，尝试探索新的玩法。在与同伴的协作中虽有竞争的规则意识，但双方对规则的执行力度不够。在游戏中，教师为幼儿提供的是塑料小棒，这就使幼儿在操作过程中，出现了操作水平与预设不一样的情景。因此，教师在准备活动材料时，应充分考虑材料是否符合幼儿的操作特点。

跳皮筋

活动领域

健康

班级

大班

教学理念

陈鹤琴认为儿童有四心：好动心、模仿心、好奇心和游戏心，其中"游戏心"出自儿童的本能。他提出：游戏是儿童的生命。因此，教师要尊重幼儿在游戏中的主体地位，尊重幼儿的意愿，尊重幼儿的兴趣，让幼儿在游戏情景中积极主动地探索和发现，以自己的方式去获得各种经验。

《纲要》中指出：开展丰富多彩的户外游戏和体育活动，培养幼儿参加体育活动的兴趣和习惯，增强幼儿体质，提高幼儿对环境的适应能力，用幼儿感兴趣的方式发展其基本动作，提高幼儿动作的协调性和灵活性。

设计意图

跳皮筋是中国传统民间体育游戏之一。由于现在的孩子对传统民间游戏不太了解，未能真正参与其中，无法体验游戏中的乐趣。通过开展传统民间游戏活动，让幼儿了解民间游戏，引导幼儿在自主探究的过程中，发现民间游戏的多种玩法。通过"跳皮筋"游戏，发展幼儿的基本动作，提高幼儿动作的协调性和灵活性。在体育活动中，培养幼儿坚强、勇敢、不怕困难的意志品质和主动、乐观、合作的态度。

活动目标

1.学习运用踩、钩、跃的方法跳皮筋。

2.探索皮筋的不同玩法，提高幼儿身体动作的协调性。

3.激发幼儿对民间体育游戏的兴趣，体验合作游戏的快乐。

活动重点

学习两人用腿撑皮筋，其余三人跳的方法。

活动难点

掌握跳皮筋游戏中"钩"的方法。

活动准备

1.皮筋数根。

2.会唱儿歌《小孩真爱玩》。

活动过程

1.活动前准备。

（1）队列、队形的练习。

（2）热身运动。

教师带领幼儿模仿动物跳，活动身体各个关节部位。

2.通过教师讲解，幼儿初步掌握跳皮筋的方法。

（1）了解"跳皮筋"游戏。

教师演示跳皮筋的游戏，请幼儿仔细观察，并说一说：老师玩的是什么游戏？

（2）教师出示皮筋，请幼儿观看，引导幼儿探索皮筋的各种玩法。

师：皮筋可以怎么玩呢？请你们试一试吧！

（3）将幼儿分成五人一组，每人拿一根皮筋，探索皮筋的玩法。

（4）提问：你们刚才是怎样玩的？

（5）教师介绍皮筋的玩法：两人各站一端，用腿将皮筋拉长，其他三人按规定动作轮流跳，完成者为胜。中途跳错或者没钩好皮筋时，就换另一人跳。

（6）幼儿尝试跳皮筋，教师巡回观察。

3.结合儿歌《小孩真爱玩》，引导幼儿学习运用踩、钩、跃的方法跳皮筋。

（1）教师边示范，边讲解玩法。

师：刚才，你们学会了双脚并拢，用钩、踩、跃的玩法进行游戏。现在请你们看，老师可以一边念儿歌，一边跳皮筋。

小孩小孩真爱玩。（双脚踩在第一道皮筋上，再跳到第二道皮筋上）

弯弯腿，跳小河，（跳下皮筋，再越过两道皮筋跳到对面去）

蹦一蹦，跳土坡，（同第一个动作）

跨一跨，过山冈，（同第二个动作）

钩一钩，跳出去。（双脚钩住一道皮筋跳跃，把这根皮筋压到另一根皮筋的上面，然后双脚跳出去）

（2）请幼儿集体练习。

4.游闯关戏。

（1）游戏规则：如果幼儿钩住了皮筋，就将皮筋的高度往上升一拳头，继续跳皮筋；没有钩住皮筋的幼儿则被淘汰，其余的幼儿再接着跳。一轮游戏结束后，可替换撑皮筋的两个幼儿。

（2）幼儿分组，一边念儿歌，一边跳皮筋。教师提醒幼儿相互合作，用轮流的方法进行跳皮筋游戏。

5.教师点评游戏比赛的情况，表扬能够克服困难、有团队精神的幼儿。

6.结束活动。

幼儿自由结伴，互相拍打腿部，放松下肢肌肉。

7.延伸活动：教师示范歌谣《马兰花》跳皮筋的玩法，激发幼儿对民间游戏的兴趣。

教学反思

虽然现在的幼儿对"跳皮筋"游戏接触比较少，但他们对传统游戏却很感兴趣。这个游戏不仅能锻炼幼儿的身体，发展基本动作技能，还能丰富他们的生活经验。在游戏前的准备活动中，教师引导幼儿模仿动物跳，充分活动幼儿的各关节部位，避免因活动不充分，导致跳跃时扭伤踝关节等意外事故的发生。在教学活动中，教师示范花样皮筋的跳法，激发了幼儿活动的兴趣，并鼓励他们探索皮筋的多种玩法。结合儿歌《小孩真爱玩》，引导幼儿学会用踩、钩、跃的方法跳皮筋，大部分幼儿掌握了这一技能。

本活动主要以小组形式进行，在分组时，教师要特别关注能力较弱的幼儿，确保每个小组都有不同能力水平的幼儿，以促进互帮互学。但在练习中，仍有部分幼儿不能很好地与同伴交流、合作，表现出排斥同伴、争抢练习次数、不撑皮筋等行为。针对这种现象，教师要有耐心，多鼓励幼儿，引导幼儿知道同伴之间要和睦相处，友好合作，共同进步，体验关心和帮助他人的快乐。

附：儿歌

小孩真爱玩

小孩小孩，真爱玩。

弯弯腿，跳小河，

蹦一蹦，跳土坡，

跨一跨，过山冈，

钩一钩，跳出去。

马兰花

小汽车，嘀嘀嘀，马兰开花二十一。

二八二五六，二八二五七，二八二九三十一；

三八三五六，三八三五七，三八三九四十一；

四八四五六，四八四五七，四八四九五十一；

五八五五六，五八五五七，五八五九六十一；

六八六五六，六八六五七，六八六九七十一；

七八七五六，七八七五七，七八七九八十一；

八八八五六，八八八五七，八八八九九十一；

九八九五六，九八九五七，九八九九一百一。

编花篮

活动领域

健康

班级

大班

教学理念

民间游戏流传至今，在促进人的体质方面发挥着一定的积极作用。然而，现在的孩子们对传统游戏的兴趣逐渐减弱。为了适应现代儿童的成长需求，教师对这些游戏进行改编和创新，使其更富吸引力、更符合幼儿的发展特点。通过这样的方式，不仅可以保留民间游戏的精髓，还能激发幼儿的参与热情，从而确保这些传统游戏能继续传承下去。

设计意图

"编花篮"游戏具有一定的运动强度，要依靠同伴的协作和配合来完成。该游戏有助于增强幼儿的体力、耐力和毅力，锻炼幼儿身体的协调性和柔韧性，能很好地培养幼儿之间的团结协作能力。

活动目标

1.学习4人合作用小腿编花篮的方法，巩固单脚跳的能力。

2.在游戏中体验团队合作的快乐，锻炼身体的协调性和柔韧性。

活动重点

4人合作用小腿编花篮的方法。

活动难点

在"编花篮"游戏中，能连续做蹲起动作。

活动准备

1.平整、安全的活动场地。

2.幼儿穿适宜的鞋及宽松的服装。

3."编花篮"游戏玩法视频。

活动过程

1.热身运动。

教师带领幼儿进行活动前的热身运动，重点进行脚部的运动。

2.介绍游戏的玩法与规则。

（1）教师播放"编花篮"游戏玩法视频，请幼儿观看，并尝试跟学。

4人一组，用A、B、C、D表示4个玩家，在准备游戏时，请幼儿手拉手围成一个圆圈。A抬起左腿，弯曲着把脚架在和B拉在一起的手上，B、C、D依次将左脚架在A、C、D的左膝弯处，B再将A的脚小心地架到自己的左膝弯上，最后将各自的右手搭在前一个玩家的右肩上，左手叉在自己的腰间。如此，一个错落有致的"花篮"就编好了。在游戏过程中，幼儿边唱儿歌，边做相应的动作。此游戏，也可以多人一起编，但人愈多，花篮愈松，愈不易于长时间转动。

（2）介绍游戏规则：在游戏中，当唱到儿歌的前四句歌谣时，请幼儿朝一个方向进行跳动，然后连续做蹲起动作。如果有玩家蹲下后站不起来，或花篮散了，第一轮游戏结束。第二轮游戏可交换伙伴继续进行游戏，本游戏可反复进行。

3.幼儿自由分组，进行游戏。

4.教师带领幼儿做放松运动，游戏结束。

教学反思

在游戏活动中，幼儿很喜欢民间传统游戏"编花篮"，能积极、主动地参与活动。当在游戏中遇到困难时，幼儿能根据教师的提示做出相应的调整。此游戏不仅锻炼了幼儿单腿站立和单脚跳跃的能力，还加强了他们之间的互助与合作精神，增加了彼此间的感情联系。特别是游戏中的蹲起动作，对幼儿身体的协调性要求较高，需经过多次反复练习后才能熟练掌握。

附：儿歌

编花篮

编，编，编花篮，

花篮里头有小孩儿。

小孩儿名字叫什么？

叫钢蹲儿。

蹲下，起来；

蹲下，起来；

……

打沙包

活动领域

健康

班级

大班

教学理念

《指南》中动作发展目标1指出：具有一定的平衡能力，动作协调、灵敏，要求幼儿能躲避他人滚过来的球或扔过来的沙包。目标2指出：具有一定的力量和耐力，要求幼儿能单手将沙包投掷5米左右。而传统游戏"打沙包"有效地结合了这两个动作发展目标，不仅促进了幼儿的身体平衡能力，还提高了他们的协调能力，实现了双重效果。

设计意图

结合大班幼儿具有的"爱游戏、爱竞技"的心理特点，"打沙包"这一游戏活动旨在通过各种投掷动作来增强幼儿的手臂力量，提升动作的协调性和灵敏度，进而促进身体素质的全面发展。

活动目标

1.学习和掌握肩上挥臂投掷沙包的方法，促进上肢力量的发展。

2.能快速躲避他人扔过来的沙包，增强动作的协调性、灵敏性。

3.体验与同伴合作打沙包的乐趣。

活动重点

学习和掌握肩上挥臂投掷沙包的方法。

活动难点

能快速躲避他人扔过来的沙包，增强动作的协调性、灵敏性。

活动准备

1.平整、宽阔的活动场地。

2.沙包1个。

3.挥臂投掷沙包的动作视频。

活动过程

1.热身运动。

教师带领幼儿进行活动前的热身运动。

2.幼儿自由探索沙包的玩法。

师：小朋友，你们之前玩过沙包吗？是怎样玩的？请你们试一试吧！

3.幼儿学习肩上挥臂投掷沙包的方法。

提问：为什么有的小朋友投得远，有的小朋友投得近呢？

4.教师小结：投掷沙包的远近与用力大小、方法有关系。

5.教师播放视频，并进行示范，幼儿一边观看视频，一边模仿动作。

6.幼儿练习投沙包，比一比谁投得远、投得准。

7.游戏：投沙包。

（1）介绍游戏玩法：此游戏要求至少三人进行。在场地中，两个幼儿分别站在场地的两边丢沙包，其他幼儿站在场地中间躲避沙包。一般采取淘汰制，站在场地中间的人若被沙包击中就被淘汰，然后去充当"投手"或退场；如果有幼儿用手接住了丢过来的沙包，则要加上一条"命"，可以"救活"一个人，即让一个退场的人重新入场。（游戏者可以任意规定场地中接到沙包所得到的"命"的数量。接沙包可以分单手或双手，单手接沙包和双手接沙包所得到的"命"的数量不同。场地中间的游戏者接到沙包后，可以做"保命"或"点地"的动作。保命即保存这一条命，点地就是不保存这一条命）

（2）讲解游戏规则：夹包是指场地中间的游戏者在接到沙包后，沙包滑掉，但又被自己夹住，没掉在地上，则算夹包。夹包可以继续游戏，不能算输。

如果是多人游戏，可分为两组，一组打沙包，一组在场地中间接、躲沙包。当一组中的所有人都被淘汰后，两组可交换角色，重新进行游戏。

8.结束活动。

伴随舒缓的音乐，教师带领幼儿一起进行放松运动。

教学反思

在游戏活动中，发现一部分幼儿对挥臂投掷沙包的动作技能掌握得不够好，还有一部分幼儿在躲闪沙包时，存在反应不够快的现象，有时还会出现打击其他幼儿面部和头部的危险动作。针对此种情况，教师要提醒幼儿在保护好自己的同时，不能伤着他人。

传统游戏"打沙包"的核心动作是投掷和躲闪。在活动中，教师将游戏过程进行了分解，以便幼儿在今后参与完整的打沙包游戏时能够更加熟练地掌握所需技能。

二、润民谣之爱，育表达之美

梨儿歌

活动领域

语言

班级

小班

教学理念

幼儿园要充分利用本地资源，丰富幼儿园的教学内容。小班幼儿的思维和认知特点处于具体形象阶段，语言的学习需要相应的社会经验支持。在活动中，通过借助实物，让幼儿观察、发现其特点，这大大降低了学习的难度。

设计意图

《梨儿歌》是一首兰州本地童谣，其内容涉及不同品种的梨，这些是幼儿生活中常见的，也是兰州的特产。金秋十月，是这些梨儿飘香的季节，此时带领幼儿认识梨，可以让幼儿更直观地了解不同品种的梨，感受家乡物产的丰富，激发幼儿热爱家乡的情感。

活动目标

1.通过朗读儿歌，感受儿歌的韵律美。

2.学习创编儿歌。

3.通过创编儿歌，知道家乡物产的丰富，激发幼儿爱家乡的情感。

活动重点

学习创编儿歌。

活动难点

通过创编儿歌，感受家乡物产的丰富，激发幼儿爱家乡的情感。

活动准备

不同品种的梨的实物。

活动过程

1.出示实物梨，请幼儿观察其外形。

提问：冬果梨是什么颜色的？形状像什么？你还知道哪些梨？它们是什么形

状的？

2.幼儿自由讲述，教师请部分幼儿手拿实物大胆表述。

3.学习儿歌。

（1）教师借助实物朗读一遍儿歌，请幼儿一边倾听儿歌，一边观察实物。

（2）提问：儿歌中提到了哪些梨？它们是什么形状的？有什么特点？

（3）教师依次出示冬果梨、软儿梨、苹果梨、鸭梨、香水梨，引导幼儿通过看、摸、闻等方式，说出不同品种的梨的名称和特点。如：软儿梨是软软的；香水梨是香甜的，拳头般大小的……

（4）教师再次朗读儿歌，提醒幼儿注意重音和停顿的地方，感受儿歌的韵律美。

（5）幼儿借助实物朗读儿歌。

4.创编儿歌，感受家乡物产的丰富。

（1）师：小朋友，你们知道自己的家乡还有哪些梨？它们有什么特点？

（2）幼儿学习创编儿歌，教师将幼儿创编的内容编入儿歌。

（3）教师带领幼儿一起朗读创编的儿歌。

教学反思

通过本次活动，幼儿了解了家乡梨的种类。教师借助实物，引导幼儿通过看、摸、闻的方式，激发他们学习的兴趣；通过创编儿歌，使幼儿对自己的家乡有了更深的了解。

本次活动还可以生成其他课程，例如，请幼儿回到家中与自己的爸爸妈妈一起创编《水果歌》，让幼儿了解家乡其他水果的特点。

附：儿歌

梨儿歌

冬果梨儿黄，

软儿梨儿圆。

苹果梨、八盘梨，

还有鸭梨、香水梨，

甘肃的梨儿甜又香。

盘脚丫

活动领域

语言

班级

小班

教学理念

《指南》中指出：幼儿的语言能力是在运用的过程中发展的，发展幼儿语言的关键是创造一个幼儿想说、敢说、喜欢说的环境。这就要求教师要改变原有的教学模式，抓住幼儿的兴趣点，以游戏的形式创设幼儿想说和喜欢说的环境。考虑到小班幼儿强烈的模仿欲望，教师在教学活动中应该利用这一点，引导他们观察大班幼儿的游戏行为，在倾听和观察中模仿游戏，在观察和模仿中发生学习，体验语言游戏的乐趣。

设计意图

3～4岁的幼儿倾向于跟读韵律感强的儿歌和童谣。《盘脚丫》作为兰州当地的一首节奏明快、充满童趣的童谣，受到小班幼儿的喜欢。这个年龄段的幼儿热衷于游戏并且乐于参与，然而记忆童谣对他们来说是个挑战，因为简单的重复跟读并不符合他们的学习特点。因此，在教学活动中，教师采用了文字结合图片的方法来辅助幼儿学唱童谣。同时，通过创造一种"大带小"的游戏环境，让幼儿从观察大班哥哥姐姐的游戏开始，逐步参与到游戏中，直至自己能够独立进行游戏。这种方式由浅入深，由易到难，逐步实现教学目标。

第1课时

活动目标

1.能根据图片的提示学唱童谣，并能读准童谣的字音。

2.在学唱童谣的过程中，感受童谣的节奏与韵律美。

活动重点

能根据图片的提示读出童谣，感受童谣的节奏与韵律美。

活动难点

读准童谣的字音。

活动准备

自制与童谣内容有关的图片。

活动过程

1.观察游戏，激发幼儿的兴趣。

（1）教师请几个大班小朋友表演"盘脚丫"游戏，请其他幼儿仔细观察。

（2）提问：哥哥姐姐在做什么？他们是怎样进行游戏的？你记住了他们说的哪句话？

2.教师根据幼儿回答，出示相应的图片。

3.学习童谣。

（1）教师逐一出示童谣图片，幼儿尝试根据图片提示读出童谣。

（2）教师带领幼儿一起诵读童谣，提醒幼儿感受童谣的节奏与韵律美。

4.再次观察游戏，感受童谣的节奏。

（1）请大班幼儿用拍手的方式打出童谣节奏，其他幼儿观察、模仿。

（2）幼儿尝试一边有节奏地拍手，一边诵读童谣。

第2课时

活动目标

1.在游戏中熟悉童谣，感受童谣的节奏与韵律美。

2.能按规则进行游戏，感受语言游戏的乐趣。

活动重点、难点

能按规则进行游戏，体验语言游戏的乐趣。

活动准备

熟读童谣。

活动过程

1.导入活动：复习童谣。

（1）请个别幼儿边拍手边诵读童谣。

（2）幼儿集体有节奏地诵读童谣。

2.游戏：盘脚丫。

（1）请幼儿观察大班哥哥姐姐玩游戏的方法，初步了解游戏规则。

（2）教师介绍游戏规则：幼儿坐成一个圆圈或半圆，伸出双脚，教师选出一个幼儿作为点数脚丫的人。集体诵读童谣，点数脚丫的幼儿按照诵读童谣的节奏，依次点数脚丫。当诵读完童谣后，点数在谁的脚丫上，这只脚丫就要收起。游戏可反复进行，直到所有幼儿的双脚全部收起，游戏结束。

（3）请大班幼儿带领小班幼儿一起进行游戏。

3.幼儿分组游戏，教师巡回指导。

（1）7～8个幼儿为一组，在大班幼儿的带领下进行游戏。

（2）分组进行比赛：哪组收的脚丫多?

教学反思

在活动中，童谣的识记和有节奏地诵读是难点。教师用图片介入的方式，解决了这一难题。针对小班幼儿爱模仿的学习特点，教师设计了"大带小"的游戏模式。这不仅活跃了游戏的氛围，还激发了幼儿自主学习的动力，使幼儿在观察和模仿中熟悉了童谣和游戏规则，在游戏中感受了童谣的节奏和韵律美，体验了语言游戏活动的乐趣。

从整体上看，整个教学环节设计科学合理，层层相扣，教学目标基本达成。不足之处：语言活动要求教师的语言要简练且富有感染力。在本次活动中，教师的语言虽然简练，指令也清楚明了，但缺乏感染力。另外，游戏形式相对单一，在活动的后半段，幼儿的兴趣有所下降。

附：童谣

盘脚丫

踢踢腿，盘盘脚，
一脚踢到南山上。
南山北斗，十二张口。
狗爪子，猫爪子，
收起你的银爪子。

夸榆中

活动领域

语言

班级

中班

教学理念

《纲要》中指出：结合当地实际，注重本土资源的开发和有效利用。本次活动立足本土，在幼儿对家乡已有认知的基础上，进一步挖掘家乡的景点、特产和人文情怀等资源。教师将这些元素融入园本课程中，目的是让幼儿在与周围环境的积极互动中学习，促进知识的迁移，并充分发挥本土资源的教育价值。

设计意图

针对"热爱家乡"这一社会领域的目标，幼儿只是对家乡有简单的了解，没有更深入地了解家乡的本土资源，如旅游景点、特产等。本次活动，幼儿以自己的家乡为出发点，根据已有的生活经验，向其他小朋友介绍自己的所见所闻，这样有助于他们更深入地了解家乡文化、人文情怀以及地方特色。

活动目标

1.知道自己家乡的名称，熟悉家乡的风景名胜和特产。

2.尝试创编儿歌，能用语言夸赞自己的家乡。

3.感受家乡的美，萌发热爱家乡的情感。

活动重点

熟悉家乡的名胜和特产，能大胆表达自己的所见所闻。

活动难点

感受家乡的变化，激发幼儿热爱家乡的情感。

活动准备

1.榆中城门图片、有关家乡的风景图片。

2.家乡的特产图片。

活动过程

1.谈话引入，引出活动主题。

（1）教师出示榆中城门的图片，通过提问，激发幼儿兴趣。

（2）提问：这是什么地方？你的家乡在哪里？（幼儿自由交流，说说自己的家乡）

2.了解家乡的美景。

（1）教师出示有关家乡的风景图片，请幼儿仔细观察，并提问：小朋友，你们知道榆中有哪些好玩的地方吗？（引导幼儿根据已有经验进行作答）

（2）请幼儿逐一说一说：图片上是什么地方？可以用什么好听的词来夸一夸？（教师鼓励幼儿大胆交流自己的想法）

3.了解家乡特产。

教师出示家乡的特产图片，请幼儿观察，并提问：你能用什么样的词来夸一夸和平牡丹？你吃过这个美食吗？感觉怎么样？

4.教师小结：我们的家乡风景宜人，特产丰富，让我们一起夸夸咱们的家乡吧！

5.创编儿歌《夸榆中》。

（1）教师出示风景图片，引导幼儿尝试用儿歌的形式夸一夸家乡的美景。

（2）教师带领幼儿一起拍手，有节奏地朗诵儿歌。

（3）教师出示家乡的特产图片，引导幼儿根据已有经验创编儿歌。

6.教师带领幼儿完整地朗诵儿歌《夸榆中》，并利用响板、木鱼等打击乐器，有节奏地演奏儿歌。

7.延伸活动：绘画"我的家乡"。

教学反思

整个活动的设计环环相扣，始终围绕三个目标展开，大部分幼儿通过活动对家乡的景点和特产有了基本的认知。活动中，教师展示了家乡的风景与特产图片，调动了幼儿参与活动的积极性，使幼儿不仅能够对身边熟悉的事物进行准确描述，还能创编儿歌，提升了语言表达能力，激发了他们对家乡的热爱之情。

本次活动也有许多不足之处。幼儿的学习是以游戏为主要活动，在游戏中获得经验的提升。然而，在实际活动中，游戏的环节较少，活动过程还停留在"教师说，幼儿听"的层面，没有充分发挥"以幼儿为主体"的教育理念。此外，本活动缺乏生成性。教师在活动结束后应将爱家乡的情感融入幼儿的社会实践中，引导幼儿理解保护环境应从小事做起，关注环境保护的重要性。

附：儿歌

<h2 style="text-align:center">夸榆中</h2>

说榆中，道榆中，榆中的名胜说不完。

兴隆山，官滩沟，南河公园金牛山。

荷花池，在青城，青城古镇真漂亮。

李家庄，花间田，浪街土雕走一走。

奇正藏药大学城，马衔山上摸白云。

说榆中，夸榆中，榆中的特产说不完。

和平牡丹鲜又艳，高原夏菜绿又嫩。

锅盔酿皮油酥饼，馓饭搅团炒疙瘩。

羊肉泡，甘草饼，青城长面细又香。

百合冬果灰豆子，老家的洋芋沙沙的。

说榆中，赞榆中，我们生长在榆中。

从小努力来学习，长大再建新榆中。

懒汉的故事

活动领域

语言

班级

中班

教学理念

《纲要》中明确指出：教师要引导幼儿接触优秀的儿童文学作品，使幼儿感受作品的丰富和优美，并通过多种活动加深幼儿的体验和理解。

设计意图

《懒汉的故事》是一个在榆中县广为流传的民间故事，它不仅幽默风趣，而且具有深刻的教育意义。这个故事作为培养幼儿勤劳品质的教学材料非常合适。通过学习这个民间故事，幼儿可以领会其中蕴含的道理，并认识到做一个勤劳的人的重要性。

活动目标

1.倾听故事，理解故事内容，能够根据画面提示，猜想故事情节。

2.引导幼儿感受民间故事夸张、幽默和风趣的特点。

3.通过本次活动，使幼儿懂得要做一个勤快的人，不做懒惰的人。

活动重点

理解故事内容，能够根据画面提示猜想故事情节。

活动难点

感受民间故事夸张、幽默和风趣的特点。

活动准备

教师自制的与故事有关的课件。

活动过程

1.教师出示课件，请幼儿仔细观察画面，引导幼儿根据画面，猜想故事情节。

（1）教师请幼儿观看图片，提问：故事中都有谁？他们在干什么？发生了什么事？

（2）教师分别出示爸爸不叠被子、妈妈不洗锅和孩子不吃饭的图片，请幼儿仔细观察，并提问：你看到了什么？有什么样的感受？（教师引导幼儿自由作答）

（3）师：小朋友们说得都很好，他们非常懒，什么事情也不做。后来，发生了一件非常可笑的事情，请小朋友一起来观察图片，猜一猜发生了什么。

（4）教师出示小偷偷走"锅"的图片，请幼儿猜一猜，并说一说：小偷偷走的真的是锅吗？（教师提醒幼儿仔细观察画面，引导幼儿说出：锅还好好地放在厨房里，那只是饭糊结成的硬壳）

（5）教师出示妈妈惭愧的表情图，请幼儿观察，并说一说：妈妈的表情是什么样的？为什么？妈妈接下来会怎样做？

（6）教师出示妈妈变勤快的图片。

师：你们猜对了，那个懒妈妈变勤快了，让我们一起来看一看懒宝宝的情况吧！

（7）教师出示孩子自己不吃饭，让妈妈喂的图片，请幼儿说一说：图片中的小朋友这样做对吗？为什么？

（8）教师分别出示妈妈出门给宝宝脖子上套锅盔、宝宝饿昏、脖子上套半张饼、救护车送医院、输营养液、宝宝害羞、宝宝自己吃饭的图片，请幼儿仔细观察图片，并猜一猜：发生了什么事？（教师引导幼儿说出：妈妈出门，怕宝宝饿着，给宝宝脖子上套了一张饼，宝宝懒得转动，只把下半部分吃了，上半部分没动，结果被饿昏了。在被医生医治好之后，宝宝很惭愧。后来，宝宝和妈妈一样，也变得勤快了）

（9）教师请幼儿讨论：宝宝和妈妈变勤快了，爸爸是怎样做的？

2.教师完整地讲述故事，幼儿倾听。并提问：

（1）故事中的人物是一个什么样的人？

（2）生活中，你见过这样懒惰的人吗？

（3）故事中为什么会这样写？（教师引导幼儿感受故事夸张、幽默的特点）

（4）故事中的人物最后的结果如何？

（5）听完这个故事，你觉得应该做一个什么样的人？

3.教师带领幼儿边看图片，边复述故事。

4.幼儿分组讨论：在生活中，怎样才能做一个勤快的人？

教学反思

小故事，大道理。教师在活动中为幼儿营造了一种想说、敢说的氛围，使幼儿能大胆地表达自己的想法和感受，师幼互动较好。通过描述图片中的故事情节，幼儿的语言表达能力得到提升，同时从故事中感悟到：在生活中，要做一个勤快的人，不做懒惰的人。

附：故事

懒汉的故事

有一家人，全家人都特别懒。爸爸懒得叠被子，孩子懒得自己吃饭，妈妈懒得洗锅。每次吃完饭，他们都会说："先休息一下，等会儿洗锅。"可等会儿总会有其他理由不洗锅。有一回，家里来了一个小偷，想要偷一口锅，等这家人都睡着了之后，就从厨房拿了锅就走。走着走着，小偷觉得这口锅不对劲，于是走到没人的地方一看，这哪里是什么锅呀！而是因为长期不洗锅，锅里的饭糊结成的一个形状像锅的硬壳。由于被小偷偷走了"锅"，妈妈感到特别羞愧，于是就慢慢变勤快了，每天都能认真地做饭、洗锅。但这家的孩子还是特别懒，每天起床都要让妈妈给自己穿衣服、穿鞋子，吃饭也要妈妈喂。妈妈怕他饿着，每次吃饭都会喂他。有一回，妈妈有事要出门几天，怕这个懒孩子饿着，就烙了一个大锅盔。因为担心懒孩子懒得去取，就在锅盔中间挖了一个大洞，套在懒孩子的脖子上。心想，锅盔都套在脖子上了，不会饿着了吧，就放心地走了。过了两天，妈妈办完事回到家里，发现懒孩子躺在床上一动不动，叫也叫不醒。脖子上的锅盔只把下巴跟前的一部分吃了，别的地方还完完整整的。妈妈害怕了，赶紧打了急救电话，让救护车将自己的孩子送到医院抢救。医生检查后，说是饿的，赶紧给这个孩子输上了营养液。过了一会儿，这个懒孩子终于睁开了眼睛。医生看着他脖子上套着的锅盔，就问："你不是有吃的吗？怎么会饿晕过去呀？"这个懒孩子一把拉过被子蒙住了自己的头。从此以后，这个孩子变勤快了，起床后会自己穿衣服、穿鞋子，吃饭也不让妈妈喂了。

兴隆山的传说

活动领域

语言

班级

大班

教学理念

《指南》中指出：充分利用社会资源，引导幼儿感受祖国文化的丰富，感受家乡的变化和发展，激发幼儿爱家乡、爱祖国的情感。园本课程的开发和利用是实施幼儿园爱家乡教育的重要环节。教师从幼儿最熟悉的、具体形象的景物或事物入手，让幼儿能够根据对兴隆山已有的认知经验，通过观察图片，了解兴隆山的传说故事，感受家乡的优美景色，激发幼儿热爱家乡的情感。

设计意图

传说故事通常与人类成长的历史紧密相连，它们源于人们的日常生活，但又超越现实，通过夸张的情节展现了人们对美好生活的向往。兴隆山，作为一个国家4A级旅游景区，也有其独特的发展历程。在活动中，教师通过讲述与兴隆山有关的传说，让幼儿了解兴隆山的美景并非自然形成，而是人与自然共同创造的结果；引导幼儿在已有认知的基础上，进一步加深他们对家乡的热爱之情。

活动目标

1.了解兴隆山古迹的传说故事和成长历程。

2.能够运用生动的词语描述兴隆山的优美景色。

3.激发幼儿对家乡的自豪感以及对家乡的热爱之情。

活动重点

了解兴隆山的传说故事，激发幼儿对家乡的热爱之情。

活动难点

用生动的语言描述兴隆山的优美景色。

活动准备

介绍兴隆山的视频或图片。

活动过程

1.谈话导入，引出活动主题。

（1）师：小朋友，国庆节的时候你们去哪里玩了？教师请幼儿自由交流、讨论。

（2）教师请个别幼儿讲述自己去兴隆山看见了什么、有什么样的感受。

（3）教师小结：兴隆山是一个绿树成荫、泉水叮咚、空气清新，适合放松身心、旅游度假的好地方。

2.教师结合图片，讲述故事《兴隆山与栖云山的传说》。

3.教师出示有关兴隆山景点的图片，引导幼儿回忆并讲述。

师：小朋友，听完故事后，你印象中最为深刻的兴隆山景点是什么？

4.教师讲述故事《兴隆山云龙桥的传说》，请幼儿仔细聆听，并提问：刘一明和唐童是一个什么样的人？他们做了哪些事情？

5.教师小结：故事中的师徒二人积善行德，为我们建的这座彩桥雄踞于大峡河之上，宛如长龙卧波，所以，后人又称"云龙桥"为"卧桥"。

6.播放介绍兴隆山的视频，请幼儿欣赏兴隆山的优美景色，激发幼儿对家乡美景的自豪感。

教学反思

从古至今，中国文化孕育了许许多多的传说故事，但是幼儿听到的相对较少，尤其是关于家乡的传说故事。在本次活动中，幼儿对故事的内容很感兴趣，不管是在倾听故事时，还是在回答问题时，都表现出浓厚的兴趣。

在整个活动过程中，教师创设了一个宽松的语言环境，巧妙地引出活动主题，让幼儿乐于表现；教师通过故事讲述，再结合图片展示，层层深入，帮助幼儿更好地理解故事内容；注重幼儿语言表达能力的培养，在问答环节中，引导幼儿完整地表达自己的思想。

对于本次活动，感触颇多。在今后的教学活动中，教师需充分挖掘本土特色资源。在故事讲述时，要使用幼儿易于理解的词语，重点强调故事中师徒二人的善良和坚韧的品格，不要过于强调神话元素。

附：故事

兴隆山与栖云山的传说

相传很久以前，这里还是一片汪洋大海。有一年，镇海仙童触犯了天规，玉皇大帝用仙仗把镇海仙童打下天宫，镇海仙童摔倒在地上，变成了一座大山，这就是仙人峰。龙王的两个太子听到后，前来相劝，结果也变成了两座山峰，就是现在的兴隆山和栖云山，它们将仙人峰团团围在其中。

兴隆山云龙桥的传说

清乾隆年间，道士刘一明云游到此，被山中的美景吸引住了。同时他又看到，经明末战乱之后，山里的香客已经绝迹，只留下寂静的空山。谷内原有一座桥，当时已被洪水冲毁，只剩下两个桥墩。刘一明触景生情，无限感伤，立志要把此山修整一番，恢复"兴隆"胜迹。于是，他行医治病，为兴隆山募集资金。经过多年的努力，在山上修建了百十座殿阁亭楼，还架起了一座宏伟的木拱桥，当时取名"迎善桥"，意思是迎接八方的善士。从此，兴隆山的香火四季不衰。后来，山洪暴发，桥又被冲垮，刘一明非常惋惜，束手无策。他有一个徒弟叫唐童，一天在河边采药，见有人落水，便不顾一切地下水搭救，救上岸一看，是个又瞎又聋的老婆婆。唐童没有嫌弃老人，而是替她换好衣裳，找来许多食物给她吃。老婆婆觉得唐童善良，就送给他一根三寸长的麦棱，说遇到河流挡路，它可以当桥。唐童接过麦棱，正要道谢，老婆婆忽然不见了。唐童想验证老婆婆的话，来到河边，把麦棱放在河上，转眼间就成了一座精美的桥。从此，这座桥再也没有被洪水冲毁。

起初，人们称它叫"麦棱桥"，后来取"栖云""兴龙"二山之意，改称为"云龙桥"。每当人们去兴隆山游览，总少不了要渡这座桥。站在桥上，凉风扑面，水声悦耳，十分爽心。它被人们称赞为兴隆山一绝。

兴隆山风光实在美

活动领域

语言

班级

大班

教学理念

诗歌不仅承载着人类的文化成果，还具有提升个体文化素养的价值。作为一种艺术性和审美性极高的文学形式，诗歌自然散发出审美的魅力。因此，通过诗歌教学，能够培养幼儿的审美能力。在欣赏诗歌的过程中，幼儿能够体会到诗歌的简洁、韵律和语言之美。诗歌为读者带来美感和想象的空间。通过欣赏和朗诵诗歌，使幼儿感受兴隆山的美丽景色，激发他们对家乡的热爱之情。

设计意图

兴隆山是当地幼儿较为熟悉的地方，因常有"白云浩渺无际"而取名"栖云山"，有"陇上名胜"之称，被誉为"陇右第一名山"。兴隆山以其优美的景色和清澈的山水著称。本次活动的设计，旨在让幼儿感受兴隆山的美景，能用优美的语言赞美自己的家乡。

活动目标

1.引导幼儿根据已有的生活经验想象画面，理解诗歌内容。

2.能运用优美的语言进行讲述，体会诗歌的语言美和意境美。

3.感受兴隆山的美景，激发幼儿热爱家乡的情感。

活动重点

理解诗歌内容，能运用优美的语言描述兴隆山景色。

活动难点

学会诵读诗歌，体会诗歌的语言美和意境美。

活动准备

兴隆山的风景照片若干。

活动过程

1.谈话导入，引出活动主题。

（1）师：小朋友，每个人的家乡都有著名的旅游胜地。在你们的家乡，最有名的旅游胜地是哪里？（教师请幼儿自由回答）

（2）教师小结：在我们美丽的家乡——榆中，最有名的旅游胜地就是兴隆山。

2.引导幼儿根据自己已有的生活经验，理解诗歌内容。

（1）教师出示兴隆山图片，请幼儿仔细观察，并提问：图片上的地方是哪里？你们去过吗？从图片中，你们看到了什么？

（2）师：小朋友，请你们仔细观察图片上的树叶都有哪些颜色？

（3）教师小结：秋天到了，有的树叶变黄了，有的变红了，有的依然是绿色的。

3.学习诗歌《兴隆山风光实在美》。

（1）师：刚才，我们看到了这么多美丽的兴隆山图片，请小朋友们再来听一首赞美兴隆山的诗歌吧！

（2）教师完整地朗诵一遍诗歌，幼儿仔细聆听，并提问：诗歌的第一句是怎么说的？哪里的风光实在美？迷人的是什么？醉人的是什么？哪个地方飞彩虹？（教师向幼儿解释"飞彩虹"的含义）

（3）教师逐句朗诵诗歌，幼儿跟学，引导幼儿理解诗歌内容，感受诗歌的语言美和意境美。

（4）幼儿有感情地朗诵第一段，教师强调"山、水、美"的押韵。

（5）师幼共同朗诵诗歌，教师引导幼儿运用恰当的语气、语调进行朗诵。

4.教师播放轻音乐，带领幼儿一起有感情地朗诵诗歌，活动结束。

教学反思

在教学中，教师既鼓励幼儿进行诵读，又让幼儿明白应该怎样读、为什么要这样读，使幼儿在充分体会诗歌韵律美的同时，掌握诵读的技巧。

教师通过适当地出示图片和创造活动氛围，采用配乐朗诵的方式，调动幼儿参与活动的积极性，激发幼儿朗诵的兴趣。另外，教师富有感染力的语言表达，为教学活动增添了情感色彩。

教师选取幼儿熟悉的景点引入，引导幼儿去感知诗歌的内在美和构思美，从而使幼儿对诗歌的欣赏能力提升到一定的审美层面。

附：诗歌

兴隆山风光实在美

青青的山，粼粼的水，
兴隆山的风光实在美！
迷人的山，醉人的水，
兴隆山的风光实在美！
云龙桥飞彩虹，寒山雪闪银辉；
林荫深处百鸟鸣，松杉青翠花芳菲。
奇山名水知多少？家乡山水惹人醉！

三、润生活之爱，育实践之美

家乡的名胜古迹

活动领域

社会

班级

中班

教学理念

中班幼儿的好奇心与探索欲正处于旺盛时期。为了培养幼儿热爱家乡的情感，活动将引导幼儿通过亲身感知和体验，调动已有经验，深入了解家乡的自然风光和人文历史，从而激发他们对家乡的热爱之情。

设计意图

《指南》中指出：运用幼儿喜闻乐见和能够理解的方式，激发幼儿爱家乡、爱祖国的情感。本次教学活动打破了以往以教师讲授为主的教学形式，转而鼓励幼儿通过分享、争辩和补充信息来参与活动。通过引入"竞选"这一元素，可以有效提升幼儿参与活动的热情，激发他们的潜能，提高语言表达能力。

活动目标

1.知道家乡具有代表性的旅游景点，并能用简单的语言介绍景点。

2.能运用多种方式表达对家乡的热爱之情。

3.感受竞选"小厅长"的快乐。

活动重点

能用简单的语言介绍景点。

活动难点

能运用多种形式表达对家乡的热爱之情。

活动准备

1.介绍有关自己家乡的视频课件。

2.幼儿收集的与家乡景点有关的图片。

活动过程

1.布置"展厅"。

（1）幼儿将自己带来的图片分类布置在"展厅"里。

（2）请幼儿说一说这些景点的名称。

2.竞选"小厅长"。

（1）教师根据幼儿带来的景点图片进行分组。

（2）请幼儿相互分享自己在景点游玩时的过程、感受，以及自己最喜欢景点的哪一方面。

（3）在幼儿进行分享时，教师提醒其他幼儿认真倾听，并进行补充。

（4）最后选出各组的"小厅长"。

3.参观"展厅"。

（1）由各组展厅的"小厅长"担任解说员，其他幼儿扮演游客。

（2）"小厅长"向游客介绍自己展厅的景点。教师提醒幼儿要说明景点的名称以及最吸引人的地方。游客也可以在解说员讲完后进行提问。

教学反思

在活动前，教师请家长带领幼儿到家乡的景点走走看看，共同收集一些景点的资料，帮助幼儿获得对家乡的美的感受和体验。

在活动中，为幼儿创设环境，搭建平台。通过欣赏收集的图片，让幼儿回忆游玩的过程和感受，引导幼儿把当时的喜悦传递给大家。在这个环节中，幼儿的积极性很高，听得非常投入，同时，老师的小结和补充也起到了引导和推进的作用。在接下来的环节中，教师组织幼儿担任竞选各组的解说员，以幼儿之间相互讨论、争辩和补充信息的方式，激发幼儿学习的兴趣，进一步加深幼儿对家乡的热爱之情。

本次活动也有很多不足之处：从幼儿的长远发展来看，教师的指导语和小结缺乏延伸和拓展，不能很好地提升幼儿对家乡更深层次的认识。因此，教师在今后设计教学活动的时候，一定考虑幼儿的最近发展区，使幼儿的能力得到进一步提升。

家乡的特色小吃

活动领域

社会

班级

中班

教学理念

《纲要》中指出：幼儿园要充分利用社会资源，引导幼儿感受家乡的变化，激发幼儿爱家乡的情感。小吃与人们的生活息息相关，由于地域的差异，每个地区的特色小吃也不尽相同。受生活经验和生活环境的限制，幼儿对当地特色小吃只在意它是否好吃，而忽视了小吃对当地地域文化的影响、发展及意义。本次活动，教师抓住幼儿好奇、好吃和好玩的心态，引导他们了解家乡的特色小吃；通过认识家乡的特色小吃，激发他们热爱家乡的情感。

设计意图

结合本园实际，寻找教育时机，开展适宜性的教育活动，让幼儿体验小吃文化的内涵和价值，感受家乡小吃文化的悠久历史，使幼儿产生自豪感，从而进一步培养幼儿爱家乡的情感。根据中班幼儿的年龄特点，他们对直观性的事物非常感兴趣，特别是对吃的食物。因此，设计"家乡的特色小吃"这一教学活动，通过让幼儿观察、欣赏、回忆和讨论，引导幼儿感受家乡美食的独特魅力。

活动目标

1.了解家乡的特色小吃。

2.能大胆描述家乡小吃的味道。

3.激发幼儿热爱家乡的情感，为自己的家乡感到自豪。

活动重点

知道自己的家乡有哪些特色小吃。

活动难点

能大胆描述家乡小吃的味道。

活动准备

有关家乡特色小吃的课件。

活动过程

1.谈话导入，鼓励幼儿说一说自己吃过的家乡美食，引出活动主题。

师：有一个外地来旅游的朋友，听说我们榆中是个美丽的地方，有很多美味的小吃。小朋友，你们能给他们介绍一下我们这里的小吃吗？

2.教师播放课件，请幼儿仔细观看，并提问：你看到了什么？你吃过吗？它是什么味道的？（引导幼儿回忆这些小吃的味道）

3.教师重点介绍牛肉面：牛肉面是兰州的特色美食，有"中华第一面"的美称。它的特点是一清、二白、三红、四绿、五黄。所谓一清是汤清，二白是萝卜白，三红是辣椒油红，四绿是香菜、蒜苗绿，五黄是面黄。它的面是人工拉出来的，又叫"牛肉拉面"。

4.教师再次播放课件，帮助幼儿回忆家乡的特色小吃。

5.请幼儿根据自己已有的生活经验，说出几种小吃的名称和做法，并描述其味道、形状和颜色。

6.教师小结：凉粉、热冬果、牛肉面、荞面煎饼、洋芋搅团等都是我们家乡的特色小吃。我们的家乡不但风景秀丽，还有这么多好吃的，欢迎远方的朋友来品尝、游玩。

7.分享家乡的美食，表达祝福，激发幼儿爱家乡的情感。

教学反思

在日常生活中，几乎所有的幼儿都有品尝家乡美食的经历。把幼儿熟悉的美食搬到教学活动中来，不仅能激发幼儿对特色美食的兴趣，促使他们想要了解家乡特色美食的更多知识，还能调动他们参与活动的积极性，有助于积累生活经验。通过本次活动，幼儿了解了自己的家乡，知道家乡特色美食的名称、味道、形状和颜色等特征，从而激发他们热爱家乡的情感。

活动中的不足之处是幼儿受生活经验的限制，对一些美食的制作方法不太了解，只能说出小吃的味道，说不出小吃所用食材及制作过程。

大家来拜年

活动领域

社会

班级

中班

教学理念

春节，俗称"过年"，是中华民族最隆重、最热闹的一个传统节日，也是一年中最重要的一个节日。"拜年"是中国春节的一个习俗。随着时代的进步，有些地方还保留着传统的拜年习俗和礼仪，也有一些地方把拜年这一习俗进行简化，但是不管怎样，都应该让幼儿了解中国的传统文化，将优秀的文化礼仪继续传承。

设计意图

本次活动旨在帮助幼儿提升对春节拜年习俗的深入理解与学习。鉴于当前孩子们对拜年礼仪的认知有限，活动将通过图片和视频的形式介绍拜年这一中国传统习俗，引导幼儿学习在拜年时使用的祝福语，以培养其良好的人际交往能力。通过体验互相传递祝福的快乐，激发幼儿对中国传统文化的热爱之情。

活动目标

1.知道拜年是中国春节的一种习俗。

2.了解拜年的几种形式，学会用合适的祝福语向长辈、同伴拜年。

3.在游戏中，体验相互送祝福的快乐。

活动重点

了解拜年的几种形式，学会简单的拜年礼仪。

活动难点

学会用合适的祝福语向长辈、同伴拜年。

活动准备

1.与拜年有关的视频课件。

2.爷爷奶奶、爸爸妈妈、叔叔阿姨的头饰。

3.音乐《喜洋洋》音频。

4.红包若干。

活动过程

1.导入活动。

教师出示烟花的图片,请幼儿观察,并提问:你看到了什么?什么时候才会放烟花?

2.教师播放与拜年有关的视频课件,请幼儿观看,激发幼儿的兴趣。

提问:你们想到了什么?过年时,人们都在做什么?

3.了解拜年的几种形式。

(1)教师讲述自己小时候拜年的习俗——磕头。

(2)请个别幼儿学习磕头拜年。

(3)请幼儿自由讨论:还可以用什么样的方式拜年呢?

(4)请个别幼儿自由回答,并示范。

4.学说祝福语。

(1)师:小朋友,你们是怎样给长辈们拜年的?说了什么祝福的话?

(2)教师提醒幼儿,收到长辈发的红包后,不能在长辈面前拆开,要等回家后才能拆,这样显得小朋友很有礼貌。

5.情景游戏:拜大年。

(1)教师示范拜年。

师:现在,我们大家来拜年了。老师先给小朋友们拜个年:"春节到,春节到,敲锣打鼓真热闹,我来给你们拜个年,小朋友们过年好,祝你们身体棒棒,天天笑哈哈!"

(2)教师将幼儿分组,请幼儿自由选择角色,进行表演。(让幼儿知道,春节里,人们互致问候和祝福的礼仪是拜年。大年初一的清晨,人们会早早起床,穿上新衣服去拜年。拜年时要一边鞠躬,一边说祝福的话,最常见的是"恭喜恭喜"和"过年好")

情景一:给爷爷奶奶拜年:爷爷奶奶过年好,祝你们身体健康,福寿安康。(爷爷奶奶准备红包或礼物)

情景二:给爸爸妈妈拜年:爸爸妈妈过年好,祝你们工作顺利,万事如意。(爸爸妈妈准备红包或礼物)

情景三:给叔叔阿姨拜年:叔叔阿姨过年好,祝你们全家幸福,恭喜发财!(叔

叔阿姨准备红包或礼物）

（3）幼儿游戏，教师巡回指导。

教学反思

优点：在整个教学活动中，幼儿的参与度比较高。教师利用课件，引导幼儿了解过年的习俗，掌握简单的拜年方式及祝福语。

不足：在导入部分，教师采用烟花的图片引出过年，形式单一，没有起到激发幼儿参与活动的兴趣。教师可以考虑引入春节相关的视频资料或者营造一个类似新年氛围的环境，让幼儿能够身临其境地体验和学习拜年的传统习俗。

家乡的社火

活动领域

社会

班级

大班

教学理念

一个地方的民俗文化对孩子们的成长有着深远的影响。社火，作为一种民间艺术活动，不仅体现了劳动人民的智慧结晶，还蕴含着丰富的教育价值。在社火表演中，幼儿可以感知地方文化的多样性和人们对美的追求。《纲要》中指出：引导幼儿接触周围环境和生活中美好的人、事、物，丰富他们的情感体验和审美情趣，激发他们创造美的愿望。

设计意图

《指南》中指出：利用传统节日向幼儿介绍民俗文化，理解人与人之间和谐的关系。本次活动重在将幼儿已有的、零散的社火经验进行提升，让他们感受民间艺术的魅力，激发他们对社火表演的喜爱之情，感知地方文化的特色。

活动目标

1.了解社火产生的原因和表演形式。

2.能用简单的语言描述社火场景，培养幼儿的观察力和语言表达能力。

3.通过自由表演，感受社火的喜庆氛围以及它带给人们的喜悦之情。

活动重点

用简单的语言描述社火场景。

活动难点

表演社火。

活动准备

1.与社火相关的视频资料。

2.大头娃娃模型，用废旧泡沫和饮料瓶制作的旱船、舞龙。

3.扭秧歌用的红绸子。

4.鼓、钹、锣若干。

活动过程

1.播放社火视频片段，通过提问，引出活动主题。

（1）提问：在视频中，你们看到了什么？

社火中的人们在干什么？

你们在什么时候、什么地方见到过这样的表演？

（2）教师小结：社火表演一般在春节的正月初一至正月十五，其中正月十五的社火表演最多。社火表演一般会选择在城市的大街上或农村较宽敞的地方进行。

2.教师引导幼儿自由讨论：春节期间，人们为什么要表演社火？欣赏社火时，自己的心情是怎样的？为什么选择在正月初一至正月十五表演社火？

3.教师小结：社火的产生源于人们对火神和土地神的崇拜，随着社会的发展，社火成为民间的娱乐活动。社火一般分白社火和黑社火，白天表演的叫白社火，晚上表演的叫黑社火。黑社火一般流行于广大农村，我们生活中常见的社火大多是白社火。

4.教师出示社火图片，请幼儿观看，并提问：你们见过哪些社火表演？

5.教师引导幼儿用自己的语言进行总结，如太平鼓、高跷、腰鼓、舞龙、大头娃娃、扭秧歌、跑旱船等社火最基本的几种表演形式。

6.游戏：我来演社火。

教师请幼儿自由选择社火表演的服装和道具，带领幼儿在欢快的锣鼓声中一起表演社火，让幼儿感受表演社火的乐趣和社火带给人们的喜悦心情。

教学反思

本次活动以幼儿熟悉和感兴趣的社火为切入点，调动了幼儿参与活动的积极性，特别是在表演环节，幼儿的积极性很高。

教育源于生活，又服务于生活。幼儿结合自己看到的社火表演经历，能够在游戏中生动地扮演各种角色。但是在表演环节，教师对整个教学活动的把控能力有些欠缺，缺乏应变能力。

和平牡丹

活动领域

科学

班级

大班

教学理念

《纲要》中指出：让幼儿体会大自然的美与奇妙，热爱大自然。通过对动植物的认知，感知动植物的多样性，了解大自然的神奇与美妙。牡丹，国色天香，倾国倾城，被誉为"花中之王"。它是我国的国花，有富贵祥和的寓意，能给观赏者带来一种雍容华贵的视觉感受。

设计意图

牡丹园是榆中县著名的旅游景点之一。通过观看图片，让幼儿认识牡丹，知道自己的家乡有一个美丽的风景区——牡丹园。

活动目标

1.知道自己的家乡有一个美丽的风景区——牡丹园。

2.通过欣赏图片，了解牡丹花的外形特征，知道它是我国特有的一种花卉。

3.感受牡丹花的美，激发幼儿喜爱牡丹花和爱护牡丹花的情感。

活动重点

在欣赏中感受牡丹花的美。

活动难点

知道牡丹花的外形特征。

活动准备

介绍牡丹花的视频、图片。

活动过程

1.谈话导入，引出牡丹园。

师：小朋友，我们的家乡有哪些景点？有一个美丽的地方叫牡丹园，你们知道它在什么地方吗？

2.欣赏牡丹花的美。

（1）教师播放介绍牡丹花的视频，请幼儿欣赏。

（2）请幼儿说一说：你看到的牡丹花是什么样的？

（3）提问：牡丹花这么美，它有什么用处呢？（可供人们观赏；它的根和皮可做中药，有活血化瘀、治疗高血压等功效）

牡丹花在几月份盛开?

(4) 教师请幼儿讨论:除了家乡和平有牡丹花外,我国还有哪些地方盛产牡丹花?

3.教师出示牡丹花图片,请幼儿欣赏。

(1) 提问:人们为什么喜欢牡丹花?(牡丹花是富贵、吉祥的象征,是馈赠朋友的珍贵礼物)

牡丹花这么珍贵,我们应该怎样保护它呢?

4.教师总结。

春天,是花开的季节,百花争艳,万紫千红,牡丹更是绽放着自己的美丽。牡丹国色天香,倾国倾城,被誉为"花中之王"。牡丹是我国的国花,从古至今,牡丹都有富贵祥和的寓意。和平牡丹花给我们的家乡增添了勃勃生机。

5.延伸活动:画牡丹。

教学反思

在活动中,教师以幼儿熟悉的景点导入,激发了幼儿想说、敢说的欲望。同时,教师也巧妙地融入了美育元素,引导幼儿通过欣赏牡丹花的图片,感受牡丹之美,体验牡丹花给家乡带来的生机与活力。

四、润自然之爱,育探究之美

认识土豆

活动领域

科学

班级

小班

设计理念

《纲要》中指出:幼儿园科学教育活动要引导幼儿对身边常见事物、现象感兴趣,有好奇心和求知欲。幼儿科学领域学习的核心目标是激发幼儿探究的兴趣,体验探究的过程,发展探究的能力。

设计意图

土豆是人们生活中常见的一种蔬菜,然而,幼儿除了吃过各种不同烹饪方式的土豆之外,对土豆的其他知识知之甚少。因此,设计本次活动,目的是让幼儿通过摸一摸、看一看,了解土豆的形状、外观及内部颜色等特性。

活动目标

1.认识土豆的形状、外观和内部颜色，了解土豆的生长过程。

2.知道土豆的主要烹制和食用方法，喜欢吃土豆。

3.激发幼儿探究植物奥秘的欲望。

活动重点

认识土豆的形状、外观和内部颜色。

活动难点

了解土豆的生长过程。

活动准备

1.不同外观的土豆实物（如外表粗糙的、光滑的、发芽的、变绿的、变软的、紫色的）。

2.介绍土豆生长过程的图片或视频。

3.不同方法烹制的土豆食物图片。

4.用土豆制作成的美食。

活动过程

1.教师带领幼儿一起进行手指游戏：土豆芯和土豆皮。

师：小朋友，我们玩的这个游戏说的就是土豆，今天，老师就带你们认识土豆。

2.认识土豆的外观。

（1）请幼儿集体观察不同外观的土豆实物，说一说土豆的形状、外观，猜一猜土豆里面是什么样子的。（教师引导幼儿重点猜测紫色土豆和黑色土豆）

（2）提问：你们看到的土豆是什么样子的？土豆皮是什么颜色的？土豆外表还有什么特征？

（3）教师小结：土豆有的大，有的小；有的是圆圆的，有的是椭圆形的；土豆皮有的是白色的，有的是黄色的，还有的是紫色的、黑色的；有的比较粗糙，有的比较光滑；土豆的表面还有许多的小坑。

3.认识土豆的内部特征。

（1）教师组织幼儿讨论：土豆里面是什么样子的？（请幼儿自由猜测并大胆作答）

（2）教师切开土豆，请幼儿看一看、摸一摸，并说一说：刚切开的土豆有什么特点？（引导幼儿重点猜测紫色土豆和黑色土豆）

（3）教师引导幼儿说出：土豆内部有的是白白的，有的是黄黄的，紫色土豆的内部有紫色的花纹。土豆切开后是湿湿的，摸上去感觉上面有许多细细的小沙子。

（4）教师小结：土豆里面有很多水分，所以切开后是湿湿的；土豆含有许多淀粉,那些细细的小沙子就是淀粉。如果土豆存放的时间太长,里面的水分就会慢慢挥发掉,土豆皮就会变皱,土豆就会变蔫。

4.了解土豆的生长过程。

(1)教师请幼儿讨论:土豆的外皮为什么会有许多小坑?这些小坑有什么作用?

(2)教师出示长芽的土豆,讲解土豆芽眼的作用:土豆上的小坑叫芽眼,是土豆发芽的地方。把土豆种在土里,芽眼处就会发芽,向下长出土豆根,向上长出土豆芽。土豆芽吸收了土里的水分,就会越长越大,钻出地面变成一棵土豆苗。土豆苗长大了会开花,土豆的根上就会结出新的土豆了。新土豆很小,就像小朋友的指头蛋儿那么大,白白的、嫩嫩的,长大以后就可以挖出来了。

(3)教师出示介绍土豆生长过程的图片或视频,引导幼儿了解土豆生长的过程。

5.了解土豆的食用方法。

(1)教师请幼儿分组讨论:土豆可以怎么吃?请幼儿根据自己的经验进行讲述。

(2)教师小结:土豆有许多种吃法,可以煮着吃,也可以烤着吃,还可以切成细丝、薄片、小块炒着吃,还能煮熟后压成土豆泥,做成土豆丸子、土豆搅团等。

(3)教师出示用土豆做成的食品图片,请幼儿说一说这些食品的名字。

(4)请幼儿讨论:长芽的、已经变绿的土豆可以吃吗?

6.品尝土豆食品,说一说自己的感受。

(1)师:今天,老师给小朋友们带来了好吃的土豆,有煮熟的,也有油炸土豆片,还有薯条、薯片,请你们品尝,互相说一说它们有什么不同的口感。

(2)幼儿品尝。

教学反思

作为一次科学领域的集体教学活动,教师的活动准备是比较充分的。准备了本地不同品种的土豆,不同烹饪方法制成的土豆美食,以及展示土豆生长过程的图片和视频等资料。这些资料不仅帮助幼儿直观、具体地认识土豆,还能让幼儿系统、完整地了解土豆的生长过程。

在活动过程中,通过教师的引导,幼儿利用视觉观察土豆的形状和颜色等外部特征;用手触摸土豆,感受其表皮的粗糙与光滑,以及内部水分和淀粉的存在,分辨出水分充足与不足的土豆;用鼻子去闻,识别生熟土豆的不同气味;用嘴巴去品尝,体验采用不同烹饪方法制作的土豆食品的不同口感。此外,活动中还加入了猜想环节,比如让幼儿猜测土豆内部的颜色,然后再切开土豆来验证猜想。这一系列的设计和实施与《纲要》中3~4岁幼儿科学领域发展目标相吻合。总体而言,本次活动的目标基本实现,但也存在一些值得注意和改进的地方:

设计的内容过多且复杂,对于小班幼儿来说可能难以完全消化。考虑到小班幼儿的集体教学活动时长不宜超过25分钟,在这样短的时间内设计这么多内容,并且科学操作环节中有许多不可控因素，这可能导致活动效果不佳。为了提升教学效果，建议教师将一部分内容延伸至区域活动或户外种植活动中，而在集体教学时则专注于对土豆某一方面的探究。

各种各样的种子

活动领域

科学

班级

小班

教学理念

幼儿对自然界充满好奇，对周围熟悉的事物总喜欢问"为什么"。幼儿对一些水果和蔬菜有所了解，但却不认识它们的种子，不知道种子在水果中的具体位置。因此，需要教师引导他们去探索和发现水果、蔬菜种子的秘密。

设计意图

进入秋季，各式各样的水果纷纷成熟。小朋友们在享用这些水果的过程中，经常会好奇地询问："老师，看！这里面的小颗粒是什么？""老师，快看这个，我们能吃吗？"大家七嘴八舌地问个不停。对！为何不借此机会，围绕他们感兴趣的话题，组织一次关于种子的活动呢？这样既能满足他们的好奇心，又能拓展他们的知识面。

活动目标

1.知道水果、蔬菜都有种子。

2.能分辨各类种子的形状、大小、颜色。

3.通过对种子的探索，发展幼儿的观察力和语言表达能力。

活动重点

知道水果、蔬菜都有种子。

活动难点

能找出水果、蔬菜里的种子。

活动准备

1.各种水果、蔬菜及它们的种子图片。

2.苹果、香蕉实物。

3.玉米、马铃薯、茄子、南瓜、大蒜等农作物图片。

4.种子成长为果实的视频。

活动过程

1.教师以讲故事的形式，引出活动主题，激发幼儿活动的兴趣。

师：小朋友们，昨天中午，老师去逛公园的时候，有几个还没有上幼儿园的小朋友坐在公园里的凳子上正在吃水果，其中一个小朋友认识我，她一看见我，就着急地问："牛老师，请您看看，这苹果里面黑色的小颗粒是什么呀？""是呀，我吃的香蕉里面也有。""我吃的火龙果里面，黑色颗粒才更多呢！"她们七嘴八舌地问我。我告诉他们，那是水果的种子。今天，老师也想让你们来认识各种各样的种子，请你们找一找水果、蔬菜的种子在哪里。

2.认识水果的种子。

（1）教师切分苹果，请幼儿品尝苹果。

提问：你吃的水果的种子在哪里？它是什么样子的？你还吃过什么水果？它们都有种子吗？

（2）幼儿带着好奇心，寻找水果的种子。

（3）教师将香蕉进行纵切和横切，请幼儿观察。

（4）教师播放水果种子的图片，请幼儿观看，并进行探索。

3.认识蔬菜、玉米、南瓜等农作物的种子。

（1）师：小朋友，你们知道了水果有种子，那么玉米、马铃薯、茄子、南瓜、大蒜有没有种子呢？

（2）教师逐一出示农作物的图片，引导幼儿观察，并提问：它们的种子在哪里？它们的种子是什么形状的？

（3）请幼儿大胆介绍自己找到的种子。

4.分辨各种蔬菜、水果的种子。

教师出示各种水果、蔬菜等农作物种子的图片，请幼儿辨认。

5.游戏：种子找妈妈。

教师请幼儿把种子放到相应的水果、蔬菜的图片上。

教学反思

通过活动，幼儿知道了水果和蔬菜都是有种子的。活动开始时，教师以讲故事的方式导入活动，激发了幼儿参与活动的兴趣。在活动过程中，由于课件中的图片太多，导致在25分钟内没有完成预设的活动目标。本活动还可以请每个幼儿选一种种子，带回家与父母一起种植，并观察种子的成长过程。这样不仅能增强幼儿的实践经验，还能促进家庭成员之间的互动。

美丽的秋叶

活动领域

科学

班级

小班

设计理念

《纲要》中指出：幼儿园科学教育活动要引导幼儿对身边常见事物、现象感兴趣，有好奇心和求知欲。秋天来了，街道两旁的柳树叶、银杏叶变黄了，落了下来，引起了幼儿的兴趣。

设计意图

根据小班幼儿的思维以具体形象为主的年龄特点，设计了"美丽的秋叶"这一科学活动。该活动旨在让幼儿在观察不同树叶形状的过程中，对柳树叶和银杏叶的基本特征有初步的了解。同时，通过引入充满乐趣的角色扮演游戏，不仅能增加活动的趣味性，还能促进幼儿观察能力的发展。

活动目标

1.感知柳树叶和银杏叶形状的不同。

2.能够正确区分柳树叶和银杏叶。

3.对科学活动感兴趣，能在科学活动中，积极参与观察、探索。

活动重点

认识柳树叶和银杏叶的形状。

活动难点

能够正确区分柳树叶和银杏叶。

活动准备

柳树叶、银杏树叶以及其他不同形状的树叶。

活动过程

1.谈话导入，引导幼儿认识树叶的不同形状。

师：小朋友，你们知道现在是什么季节吗？秋天到了，天气渐渐变冷了，风爷爷吹落了许多树叶宝宝。今天，老师带来了许多树叶宝宝，请你们说一说，这些树叶是什么形状的？它们像什么？

2.认识柳树叶和银杏叶。

（1）教师出示柳树叶、银杏叶，请幼儿观察，并说一说：这两片叶子一样吗？有什么相同和不同之处？

（2）教师小结：每片叶子都有叶柄，它们都是黄色的，它们的形状是不一样的。

3.游戏：树叶宝宝找妈妈 。

（1）将幼儿进行分组，每组幼儿自由选择角色，扮演柳树妈妈、银杏树妈妈和枫树妈妈，以及柳叶宝宝、银杏叶宝宝和枫叶宝宝。

（2）请幼儿将手中的叶子按照不同形状送给树妈妈。

教学反思

优点：首先，教师引导幼儿观察了树叶的形状；其次，幼儿能够正确区分银杏叶和柳树叶；最后，利用角色扮演活动，加深了幼儿对树叶的认识，体验了活动带来的乐趣。在整个活动中，大部分幼儿参与活动的积极性很高，对树叶形状观察得很仔细，能说出树叶"像针型、像扇子、像蝴蝶"。整个教学环节的设计紧扣主题目标，层层递进。

不足：活动中，教师向幼儿表述得不够清楚，语言不够严谨。在最后一个环节中，幼儿参与的积极性不高。如果教师能够更好地引导幼儿积极参与到角色扮演游戏中，那么活动的效果将大为提升，幼儿的体验也将更加丰富多样。

有趣的豆豆

活动领域

科学

班级

小班

教学理念

《纲要》中指出：科学活动中，教师要让幼儿运用感官，亲自动手、动脑去发现问题、解决问题；幼儿园的科学活动应密切联系幼儿的实际生活，教师应充分利用幼儿身边的事物与现象作为科学探索的对象。

设计意图

豌豆和蚕豆在生活中很常见，然而对于小班幼儿而言，对这两种植物是缺乏认识的。本次教学活动，教师通过出示豌豆和蚕豆实物，激发幼儿的兴趣，让幼儿对豌豆和蚕豆有全面认识。

活动目标

1.了解豌豆和蚕豆的外形特征。

2.尝试根据豌豆和蚕豆的形状进行简单排序。

活动重点

了解豌豆和蚕豆的外形特征。

活动难点

尝试根据豌豆和蚕豆的形状进行排序。

活动准备

1.一次性纸盘若干。

2.装有豌豆、蚕豆实物的礼物盒。

3.介绍豌豆生长过程的视频。

活动过程

1.谈话导入，引出活动主题。

教师出示礼物盒，请幼儿猜一猜里面是什么。

2.引导幼儿认识豌豆和蚕豆的外形特征。

（1）摸一摸。

教师请个别幼儿摸一摸礼物盒里的物品，并说一说自己摸到了什么。

（2）看一看。

教师打开礼物盒，请幼儿认真观察豌豆和蚕豆。

（3）说一说。

教师请幼儿说一说豌豆和蚕豆的颜色和形状。

（4）教师进行小结。

3.比一比。

教师引导幼儿依次从大小、颜色、形状对豌豆和蚕豆的外形特征进行对比。

4.排一排。

（1）教师示范根据豌豆和蚕豆的形状进行排序，请幼儿仔细观察，引导幼儿发现排序的规律。

（2）幼儿尝试进行排序，教师巡回指导。

5.延伸活动：教师播放介绍豌豆生长过程的视频，请幼儿观看。

教学反思

在活动过程中，首先，通过摸一摸、看一看、比一比等方式，让幼儿全面认识豌豆和蚕豆。然后，通过观看豌豆生长过程的视频，激发幼儿的探究欲望。在活动过程中，教师抓住幼儿的学习兴趣，让幼儿在玩中学会按蚕豆和豌豆的形状进行排序。然而，有个别能力弱的幼儿不能独自完成排序任务，需要在教师的指导和帮助下才能顺利完成，并从中体验到成功的快乐。

数玉米

活动领域

科学

班级

小班

教学理念

幼儿能从生活和游戏中感受事物的数量关系，对周围环境中的数学现象产生兴趣，建立初步的数概念，并体验数学游戏活动的趣味性。

设计意图

小班幼儿对数字已经有了基本的概念，他们都乐于数数，但是小班幼儿还不能很好地进行手口一致地点数，经常出现手点着"2"，口中已经数到"3"的情况。设计本次教学活动，通过组织幼儿进行"数玉米"的游戏，引导幼儿手口一致地点数3以内的物品。

活动目标

1.学会手口一致地点数3以内的物品。

2.学习3以内的按数取物。

3.体验数学游戏活动带来的乐趣。

活动重点

能手口一致地按顺序点数3以内的物品，并说出总数。

活动难点

能按数量取物。

活动准备

1.玉米图片3张，每张图片分别有1根玉米、2根玉米、3根玉米的图。

2.玉米棒。

3.数字1~3的卡片。

4.分别标有数字1~3的小松鼠、小熊、小青蛙图片。

5.小松鼠、小熊、小青蛙手偶。

活动过程

1.手指游戏导入，激发幼儿学习的兴趣。

（1）师：小朋友，今天，老师要带你们做一个关于数字的手指游戏，请拿出你们的小手，跟我一起做吧！

一根手指点点，

两根手指剪剪，

三根手指弯弯，

四根手指插插，

五根手指变小花。

（2）做手指游戏时，教师引导幼儿感知点数的节奏。

2.教师出示玉米图片，请幼儿观察，引导幼儿根据玉米图片，点数1～3以内的玉米数量。

（1）教师出示玉米图片，请幼儿仔细观察。

（2）提问：这张图片中有几根玉米？让我们一起来数一数。（教师引导幼儿手口一致地点数1根玉米，并向幼儿介绍1根玉米就用数字1表示，出示教学卡片1，并贴在1根玉米的旁边）

（3）教师分别出示2根玉米和3根玉米的图片，引导幼儿按照以上方法进行点数。

3.在游戏中巩固3以内物品的数量。

（1）教师出示小动物的图片、数字卡片、玉米棒，请幼儿仔细观察。

师：小朋友们，今天有几只小动物到我们班里来做客，让我们一起来看一看都有谁。（教师出示小松鼠、小熊、小青蛙手偶）有几只小动物？冬天到了，小松鼠、小熊、小青蛙要冬眠了，可是，它们没有冬眠的食物，让我们一起帮助它们吧！

（2）介绍游戏规则：教师出示标有数字的小松鼠、小熊、小青蛙图片，请幼儿戴上数字卡片，给小动物送上对应数量的玉米。

（3）幼儿分组进行游戏，教师提醒幼儿在游戏中要注意安全。

4.教师小结。

师：小朋友们今天太棒了！给过冬的小动物们送去了冬眠的食物，请给自己鼓鼓掌吧！

教学反思

优点：在导入环节中，教师带领幼儿做手指游戏，激发了幼儿活动的兴趣，引导幼儿感知点数的节奏。在活动过程中，幼儿能积极参与其中，尤其是最后为冬眠的小动物送玉米的游戏，幼儿的兴趣很高。通过游戏，幼儿学会了按数取物的本领。

不足：教师对活动重难点的把握有所欠缺。活动过程中只是让全班幼儿一起点数了3以内玉米的数量，没有单独让幼儿进行手口一致地点数。虽然大多数幼儿掌握了手口一致地点数3以内的物品，但仍有个别幼儿在点数上存在困难，这需要教师在未来的教学活动中特别关注那些能力较弱的幼儿。

认识菜花

活动领域

科学

班级

中班

教学理念

幼儿的教育贯穿于一日生活中，幼儿的一日生活皆是课程。本着润真课程的教育理念，要培养生活中的人，培养现实生活中的人，让幼儿做一个热爱生活的人。

设计意图

《纲要》中指出了培养幼儿良好饮食习惯的重要性。对于日托制幼儿园而言，幼儿的一日三餐均在园内进行，因此，引导他们认识并喜爱家乡的特色菜肴，养成良好的饮食习惯尤为关键。尽管蔬菜是幼儿日常饮食中不可或缺的一部分，但在实际生活中，他们对蔬菜的名称、不同的烹饪方式及其特征了解有限。基于此，设计本次教学活动，旨在让幼儿对当地特色的有机蔬菜有更深入的了解。

活动目标

1.了解菜花的特征，知道它的不同食用方法。

2.了解菜花的营养价值，懂得要多吃蔬菜。

3.知道菜花是农民伯伯种出来的，懂得劳动人民的辛苦，珍惜劳动成果。

活动重点

了解菜花的特征，知道菜花的不同食用方法。

活动难点

懂得劳动人民的辛苦，珍惜劳动成果。

活动准备

1.菜花实物。

2.用菜花做成的美食图片。

3.用菜花做成的菜肴。

活动过程

1.谈话导入，引出活动主题。

（1）师：小朋友，你们喜欢吃蔬菜吗？你们都吃过哪些蔬菜？

（2）请个别幼儿进行回答。

（3）师：小朋友们真厉害，说出了这么多蔬菜的名字。为了奖励你们，厨房里的叔叔阿姨给你们做了一些好吃的菜肴，现在，请你们品尝一下吧！

2.幼儿品尝菜肴。

提问：你们吃的是什么？（菜花）味道怎么样？这些菜肴是怎样做出来的？（幼儿自由回答）

3.教师出示图片，请幼儿观察。

师：菜花的营养价值很高，用不同的方法做出来的菜花，味道也不同。

4.请幼儿讨论蔬菜对人们身体的作用。

师：小朋友，如果我们不吃蔬菜会出现哪些症状？（皮肤干燥、口角干裂、长不高等）

5.请幼儿说一说：菜花是谁种出来的？

6.教师小结：菜花是一种蔬菜，是农民伯伯种出来的。菜花可以炒着吃，也可以煮熟凉拌吃，还可以在火锅里煮熟蘸着调料吃。菜花的味道很鲜美，营养价值也很高，小朋友们要多吃，才会使你们的身体更健康。

7.认识菜花。

（1）教师出示菜花实物，请幼儿观察，并提问：这是什么？它的叶子是什么形状的？叶子的边缘是什么样子的？叶子的柄是什么样子的？

（2）教师小结：菜花的叶子是椭圆形的，边缘有尖尖的锯齿，叶柄是长长的。

（3）提问：如果我把叶子去掉，剩下什么？（菜花）

菜花的形状像什么？（像一朵花）

菜花是什么颜色的？（乳白色的）

把菜花掰开看看是什么样的？（有许许多多的小花球）

（4）教师小结：菜花是一种常见的蔬菜，是由许许多多的小花球组成的一朵大花球，所以我们叫它菜花。

8.延伸活动：画菜花。

教学反思

科学领域的教学活动注重幼儿探究能力的培养。依据这一教育理念，设计了包含三个环节的活动，主要以实物为教具。

在第一环节中，通过谈话，引出活动主题，帮助幼儿在原有经验的基础上进一步认识菜花。通过看一看、尝一尝，引导幼儿总结菜花的食用方法、营养价值等。

在第二环节中，利用菜花实物，让幼儿感知菜花是由叶子、叶柄、叶脉等构成，增进对菜花特征的理解。

在第三环节中，通过看一看、摸一摸，调动幼儿参与活动的积极性。整个教学活动符合科学领域的教学目标，让幼儿自主探究，在探究中认识和了解菜花。

不足之处是在引导幼儿拓展教学内容方面有所欠缺；教师在进行个别小结时，语言不够严谨。

认识玉米

活动领域

科学

班级

中班

教学理念

《纲要》中指出：幼儿园科学教育活动要引导幼儿对身边常见的事物、现象感兴趣，有好奇心和求知欲。玉米作为一种常见的农作物，对幼儿来说并不陌生，但他们除了吃过玉米之外，对于玉米的其他知识了解其少。设计本次活动，是为了帮助幼儿通过观察、触摸等方式，更深入地认识和了解玉米，从而拓展他们的知识面。

设计意图

在日常生活中，幼儿经常会将自己发现的大自然中的许多小奥秘带到幼儿园与同伴分享。玉米尤其引起了众多幼儿的浓厚兴趣，他们好奇地提出各种问题，例如：玉米是如何生长的？玉米粒为何能如此整齐地排列在玉米棒上？玉米除了食用外，是否还有其他用途？针对这些问题，设计了本次活动，目的在于帮助幼儿了解玉米的结构和基本特征，知道玉米的营养价值和多种用途。通过亲手触摸玉米、剥玉米的活动，让幼儿体验劳动的快乐，并教导他们珍惜粮食、避免浪费的重要性。

活动目标

1.通过触摸、观察等方法，认识玉米，并感知玉米的基本特征。

2.了解玉米的营养价值及作用。

3.尝试剥玉米，感受劳动带来的乐趣，激发幼儿热爱劳动的情感。

活动重点

通过触摸、观察等方法，认识玉米，并感知玉米的基本特征。

活动难点

了解玉米的营养价值及作用。

活动准备

1.带苞叶的玉米实物。

2.介绍玉米的营养价值及作用的视频课件。

活动过程

1.导入活动。

（1）教师出示实物玉米，通过提问，引出活动主题。

（2）提问：你们认识它吗？它生长在什么地方？

2.认识玉米，初步感知玉米的基本特征。

（1）教师给每个幼儿分发一根玉米，请幼儿摸一摸、看一看。

（2）提问：玉米的最上面是什么？（玉米须）

像什么？（胡子）

最外面的是什么？（苞叶）

有什么样的特征？（一层一层的）

（3）请幼儿讨论：如果脱去玉米的衣服，请你们猜一猜，里面会有什么？

3.幼儿尝试剥玉米，自由探索玉米的奥秘。

（1）教师请幼儿自由探索：玉米摸起来有什么感觉？玉米粒是软的，还是硬的？玉米粒长得像什么？（整整齐齐地排列着，就像牙齿一样）

（2）教师小结：玉米的外面长着苞叶，一层一层的，然后顶部长着玉米须，就像老爷爷的胡子。剥开苞叶，就能看见玉米粒。玉米粒的颜色、形状各不相同，它们整整齐齐地排列着，就像我们的牙齿一样。

4.教师请幼儿讨论：生活中，你们吃过的还有哪些东西是用玉米做成的？

5.观看课件，了解玉米的营养价值及作用。

（1）分段播放视频，请幼儿仔细观看。

（2）提问：通过视频，你们发现了玉米有哪些营养价值和作用？

（3）教师小结：玉米粒可供人们食用，也可作为动物饲料，还可用来磨粉或制作膨化食品。玉米淀粉可制成糖果、糕点、面包、果酱及饮料。苞叶可以编制手工艺品。玉米有很高的营养价值，有利于人体的健康。

6.延伸活动：教师请幼儿回到家中，与爸爸妈妈一起找一找玉米身上还有哪些秘密。

教学反思

本次教学活动贴近幼儿生活。活动前的教具准备得比较充分，如提供了玉米实物，使得教学过程直观且具体，有利于幼儿更好地进行观察、操作和体验。

在活动过程中，通过让幼儿触摸、观察和操作，引导幼儿感知玉米的外形特征，激发幼儿的好奇心与探索欲，使幼儿对玉米有了一个全面的认识。

在让幼儿尝试自己剥玉米的环节，开始的时候，幼儿的积极性很高。经过探索与尝试后，他们发现剥玉米并非易事，体会到农民的辛劳，懂得珍惜粮食。

本次活动存在不足。活动中，关于玉米营养价值和作用的视频过长，含有的专业术语较多，对中班幼儿来说理解起来有一定难度，这不符合《指南》的要求。此外，活动中留给幼儿表达的时间相对较少，教师讲解占了较多时间，未能充分发挥幼儿的自主探究能力。

种蒜

活动领域

科学

班级

中班

教学理念

让幼儿亲近自然，通过种植活动，感受大自然植物的神奇和生命力的顽强。幼儿可以在体验种植的过程中，尝试探究、发现植物生长变化的奥秘。

设计意图

由于中班幼儿的自理能力和动手操作能力相对较弱，适合选择种子较大、生长周期短、易于操作且为幼儿所熟悉的植物进行种植。因此，结合本地实际情况，选择了大蒜作为种植对象。通过看一看、说一说、摸一摸、剥一剥和种一种的方式，让幼儿掌握种植大蒜的基本方法，了解大蒜的生长变化过程。

活动目标

1.初步了解大蒜的基本特征，探索大蒜生长变化的过程。

2.学习大蒜的基本种植方法，激发幼儿种植大蒜的兴趣，锻炼幼儿动手操作的能力。

3.懂得爱护植物，愿意参加播种植物、给植物浇水的活动。

活动重点

了解大蒜的生长变化过程，学习大蒜的基本种植方法。

活动难点

知道种植时要将蒜根朝下，蒜苗朝上。

活动准备

1.蒜、蒜苗、小铲子、浇水盆、土壤和花盆。

2.介绍大蒜生长过程的视频课件。

活动过程

1.出示实物大蒜，通过谈话，引出活动主题。

师：小朋友，今天，老师给你们带来一位朋友，它是谁？请你们看一看。

2.通过观察，了解大蒜的基本特征。

（1）观察大蒜，引导幼儿从颜色、形状上认识大蒜的外形特征。

（2）请幼儿尝试剥大蒜，引导幼儿进一步认识大蒜。

师：小朋友，请你们把大蒜掰开，看一看，有什么不一样的地方？

（3）请幼儿摸一摸、闻一闻，并说一说自己的感受。

3.观看大蒜生长过程的视频，学习种植大蒜。

（1）教师播放介绍大蒜生长过程的视频课件，请幼儿观看，并提问：你会种大蒜吗？种大蒜需要哪些工具？

（2）教师示范种植大蒜，幼儿观察、学习。

种植大蒜的步骤：

第一步：选择种植需要的材料和器具。

第二步：找出大蒜根部，把大蒜头的须根朝下，轻轻地插入泥土。

第三步：给大蒜浇水，再将种好的大蒜摆在窗台上。

幼儿一边种植大蒜，一边跟随教师学说儿歌：小蒜瓣，沙里坐，喝了水，长小辫；小小辫，往外钻，长出绿芽芽；绿芽芽，叫什么？谁来告诉我？

（3）幼儿分组种植大蒜，教师巡回指导。

4.展示幼儿的种植结果，请幼儿相互欣赏。

5.教师带领幼儿一起检查种植情况，并进行修整。

6.延伸活动：观察大蒜的变化。

（1）经过一段时间后，教师引导幼儿一起观察大蒜的变化，比如：大蒜长出了绿绿的叶子，还长出了长长的根，就像老爷爷的长胡子。

（2）请幼儿观察大蒜的变化，并尝试记录变化的过程。

教学反思

大蒜是幼儿生活中常见的一种蔬菜，因其生长周期短，成为幼儿观察植物生长的理想对象。在本次活动中，幼儿通过动手操作，学习了如何种植大蒜；引导幼儿在生活中进行学习，学习中学会生活。

生豆芽

活动领域

科学

班级

大班

教学理念

幼儿科学领域活动的核心是激发幼儿探究的兴趣，体验探究的过程，发展幼儿的探究能力。为实现这一目标，需要让幼儿亲近自然，发现生活中的科学现象，并带着好奇心去探究周围的事物。

设计意图

豆芽是生活中常见且为幼儿所熟知的食材，其生长过程对幼儿而言却较为陌生。基于让幼儿"发现问题→讨论问题→解决问题"的理念，设计本次教学活动，目的是让幼儿探索豆芽生根、发芽的生长过程。

活动目标

1.了解豆芽的外形特征及生长过程。

2.学习简单的生豆芽的方法和技巧。

3.通过让幼儿观察、记录豆芽的生长过程，激发幼儿对科学活动的兴趣。

活动重点

了解豆芽的生长过程，学习简单的生豆芽的方法和技巧。

活动难点

观察、记录豆芽的生长过程。

活动准备

1.黄豆芽、绿豆芽实物若干。

2.黄豆、绿豆实物若干。

3.透明水杯每人一个、湿纱布每人一块。

4.与豆芽生长过程有关的视频。

活动过程

1.导入活动。

（1）教师出示黄豆芽、绿豆芽实物，演示"豆芽宝宝在跳舞"，激发幼儿的兴趣，引出活动主题。

（2）教师请幼儿说一说自己观察的情况。

2.了解豆芽的外形特征。

（1）教师给幼儿发放豆芽实物，请幼儿通过看一看、闻一闻、尝一尝的方式，说一说豆芽的外形特征。

（2）请幼儿将豆芽泡在水中进行观察，并说一说豆芽有什么变化。

（3）请幼儿互相观察手中的豆芽，并说一说自己的豆芽和其他小朋友的豆芽有什么不一样？（引导幼儿从豆瓣的大小、豆芽的长短等方面进行观察）

（4）教师小结：小朋友有的拿的是绿豆芽，有的拿的是黄豆芽，所以，我们看到的豆芽是有区别的。

3.了解豆芽的生长过程。

（1）提问：小朋友，你们知道豆芽是怎样长出来的吗？

（2）教师播放豆芽生长过程的视频，请幼儿观看，了解豆芽生长的过程。

4.请幼儿讨论生豆芽需要的条件，并说一说：豆子是先生根，还是先发芽？

5.学习生豆芽的简单方法。

（1）选种：教师拿出准备好的豆子，请幼儿挑选没有破损的豆子。

（2）浸泡：凉水或温水浸泡豆子。

（3）保持水分：在豆子上面盖上湿纱布或湿毛巾。

（4）将泡好的豆子放到温度适宜的地方，每天给它们换水。

6.幼儿按照生豆芽的方法进行操作，教师巡回指导。

7.延伸活动。

（1）教师和幼儿一起观察、分析豆子的生长状况，并用绘画或符号的方式记录豆子的发芽情况。

（2）请幼儿将豆子放在阳光下继续观察，引导幼儿了解阳光对植物生长的作用。

教学反思

本次活动是根据幼儿日常生活中的发现而设计的，目的是让幼儿在观察中发现问题，并运用各种感官认识豆芽的外形特征；通过动手操作，让幼儿体验生豆芽的过程，激发他们对科学活动的兴趣。

五、润民俗之爱，育创造之美

土豆印画

活动领域

艺术

班级

小班

教学理念

《纲要》在艺术领域中强调：引导幼儿接触周围环境中美的事物，让幼儿感受大自然的美，引导幼儿利用大自然中的事物进行制作或开展其他活动。在日常生活中，土豆作为一种常见的食物，其横截面可以创作独特的美术作品，这激发了幼儿的好奇心。因此，针对小班幼儿的年龄特点和发展水平，设计了"土豆印画"活动。通过看一看、做一做、玩一玩的方式，让幼儿在"玩中学，学中玩"，增强他们对美术活动的兴趣，体验蔬菜印章画的乐趣。

设计意图

土豆是幼儿生活中常见的食物，但是用土豆创作印章画，是幼儿从未尝试过的。本次活动，通过让幼儿动手操作，挖掘幼儿的潜力，引导幼儿欣赏艺术作品的美，体验美术活动带来的乐趣。

活动目标

1.能用土豆的横截面蘸上颜料进行印画，初步学习印画的方法。

2.通过土豆印画，丰富幼儿的想象，体验土豆印画的乐趣。

3.能认真作画，养成物归原处的好习惯。

活动重点

学习土豆印画的方法。

活动难点

学习印画的技巧。

活动准备

1.土豆实物。

2.土豆印画的视频。

3.画好的花枝、树枝的卡纸，调色盘、颜料、抹布等作画材料。

活动过程

1.教师出示土豆，请幼儿仔细观察，并说一说土豆的名称、形状。

师：小朋友，这是什么？教师引导幼儿说出土豆的其他名称——马铃薯、洋芋。

2.播放土豆印画的视频，请幼儿欣赏。

3.教师一边示范土豆印画，一边讲解方法。

请幼儿每人选一张画好的花枝或树枝的卡纸，将土豆的切面蘸上颜料，拓在纸上，用力按压，停留的时间要留长一些。印完后迅速拿起，土豆宝宝的魔术就变出来了。教师鼓励幼儿用不同的印章蘸上不同的颜料，印出不同的图案，并提醒幼儿画完后把土豆印章放回原处。

4.幼儿操作，教师巡回指导。

（1）幼儿选择卡纸和土豆印章。

（2）鼓励幼儿选择不同的土豆印章进行印画，提醒幼儿作画时，要保持画面整洁。

5.展示作品，幼儿相互分享、交流。

6.延伸活动：请幼儿在美工区角中，探索土豆印画更美丽的图案。

教学反思

土豆印画适合小班幼儿，他们对土豆印画非常感兴趣，能用不同形状的土豆印章蘸上不同颜色的颜料，印出不同的图案，这不仅使幼儿认识了颜色，还学习了印画的方法。在活动中，幼儿能大胆地选择不同的土豆印章，尝试不同的印画方式，每组幼儿通过合作，基本能够完成作品。尽管在活动的过程中发现幼儿的表现形式是比较单一的，多数只能使用一种颜色完成作品。但令人欣慰的是，大部分幼儿能够将土豆蘸满颜料，使每个土豆印出的形状是完整的；此外，还有一部分幼儿在构图时，能够注意整体布局，既不重复印画，又能将画纸占满。

在活动中，教师引导幼儿自己动脑、动手，印出不同的图案，不断鼓励幼儿大胆印画，使幼儿的作品有的是一束五颜六色的花，有的是一片五颜六色的叶子。最后，教师再以画展的形式对作品进行点评，既肯定了幼儿拓印的能力，又激发了幼儿对拓印活动的兴趣。

做油果

活动领域

艺术

班级

小班

教学理念

在艺术活动中融入家乡特色小吃的元素，注重以幼儿为中心，通过亲身体验和动手操作的方式，激发幼儿对艺术的兴趣和创造力，引导幼儿在享受制作乐趣的同时，增进对家乡文化的了解和认同。

设计意图

"跟着大人玩面团，学着做饭"的趣事，是幼儿都有过的经历。喜欢模仿是幼儿的特点。幼儿在模仿学习的过程中，通过积极主动地动手、动脑，获得感性经验和愉快的情绪体验。本次活动，通过引导幼儿积极参加泥工活动，让幼儿在团、捏、切的过程中，锻炼手部小肌肉动作的协调性，提升动手操作能力，体验成功的喜悦。

活动目标

1.了解油果的制作过程，知道油果是家乡的美食。

2.学习用团、捏、切等简单的泥工技能制作油果。

3.发展幼儿手部小肌肉动作的灵活性，体验泥工活动带来的乐趣。

活动重点

学习制作油果的方法。

活动难点

学习泥工团、捏、切的技能。

活动准备

1.彩泥、泥工工具。

2.油果图片。

3.制作油果的视频。

活动过程

1.导入活动。

教师出示油果图片，请幼儿仔细观察，并提问：这是什么？它是什么形状，什么颜色的？

2.播放制作油果的视频，让幼儿了解油果制作的过程。

3.教师示范制作油果的方法，请幼儿仔细观察。

制作方法：取草莓大小的两种颜色的彩泥，分别在手心团成圆球后，放在桌子上压扁，然后将两种压好的圆饼放在一起卷成圆筒状，接着用泥工刀具轻轻切片，将切好的圆片用手指在中间捏一下，放在盘子里。

4.幼儿尝试制作，教师观察指导。

（1）教师给幼儿发放彩泥，请幼儿按照教师示范的方法，尝试制作油果。

（2）教师鼓励幼儿大胆制作不同花样的油果，并及时帮助能力弱的幼儿。

5.展示作品，分享交流。

请做得好的幼儿讲一讲自己制作的过程。

教学反思

本次活动，让幼儿亲身体验了制作油果的过程，学习了泥工的团、捏、切的方法，激发了幼儿参与活动的兴趣，锻炼了幼儿的动手操作能力。在活动中，由于小班幼儿手部小肌肉动作尚在发展阶段，所以，团的泥球不是很圆。但是，整体来说，大部分的幼儿掌握了制作油果的方法，他们制作的油果色彩丰富，搭配也很美观。

本次活动内容的设计，既符合幼儿的认知特点，又能激发幼儿活动的兴趣。

好看的石头画

活动领域

艺术

班级

中班

教学理念

陈鹤琴教育思想的核心：大自然、大社会是活教材，让幼儿热爱自然，亲近自然，回归自然，在大自然、大社会中获取感性经验，获得情感体验。本次教学活动基于让幼儿热爱自然、回归自然的教学目标，结合本土特色，为幼儿的创作提供天然形状的石头材料和美妙丰富的想象空间。

设计意图

为了拓展幼儿的创造性思维，教师启发幼儿根据石头的形状进行想象，引导幼儿运用不同材料和表现手法，大胆尝试创作与众不同的作品。本次绘画活动选择在石头上进行，打破了传统的用纸作画的常规，激发了幼儿创作的兴趣。

活动目标

1.能根据石头的形状进行想象，发现石头造型的多样性。

2.充分发挥想象，大胆尝试创作与众不同的作品。

活动重点

发现石头造型的多样性。

活动难点

创作与众不同的石头画。

活动准备

1.准备形状、大小、颜色各异的石头。

2.石头画作品若干。

3.水粉颜料、棉签、颜料盘、画笔、勾线笔、湿布、废报纸等绘画材料。

活动过程

1.导入活动。

教师请幼儿观赏各种形状的石头，激发幼儿的想象力，请幼儿说一说：这些石头是什么形状的？像什么？

2.欣赏石头画作品，激发幼儿创作的兴趣。

（1）教师出示石头画作品，请幼儿欣赏，并提问：你们觉得这些石头画漂亮吗？为什么？（引导幼儿从作品的图案、颜色方面进行描述）

（2）教师逐一介绍石头画作品。

3.教师示范装饰石头。

（1）教师向幼儿介绍绘画材料以及使用方法。

（2）教师示范创作石头画。

4.教师交代绘画方法：在操作前，先要想好在石头上画个什么样的图案，然后用勾线笔画出轮廓，再用画笔、棉签蘸上颜料给图案上色。

5.请幼儿相互讨论自己想要创作的图案。

6.幼儿操作，教师巡回指导。

7.作品展评。

（1）请每个幼儿介绍自己的作品。

（2）教师对幼儿的作品逐一进行点评。

8.延伸活动：教师带领幼儿一起将作品摆放在区角中，供幼儿欣赏。

教学反思

石头是幼儿生活中常见的材料。本次活动的设计源自一次偶然发现，是幼儿比较感兴趣的内容。这符合《纲要》中提到的"教育内容要贴近幼儿的生活""教育活动要生活化"的理念。

在本次活动中,幼儿体验了创作石头画的乐趣,大多数幼儿的作品不受教师示范画的影响,有自己的创新之处,能大胆、合理地运用各种辅助材料。

当教师向幼儿介绍创作方法时,有些幼儿还在张望着自己刚刚摆弄的石头。教师应该在幼儿操作之前介绍石头画的制作方法,这样有助于幼儿注意力的集中。

一次集体的教学活动,除了教师的指导要到位,让幼儿在轻松、自由的环境中达到预定的目标,教学活动前的准备工作也是十分重要的。这里所说的活动准备既包括知识方面的,也包括教师对材料的摆放是否符合幼儿的实际需要,是否便于幼儿操作,等等。

绘画完成后的评价部分也是必不可少的。评价不仅要关注结果,更多的要关注绘画的过程,围绕活动的重点对作品进行点评。

太平鼓

活动领域

艺术

班级

中班

教学理念

兰州太平鼓的表演形式和表演动作具有多样性,表演队形富有观赏性,2006年被国务院列入国家级非物质文化遗产名录。然而近年来,兰州太平鼓面临着前所未有的危机。加强对太平鼓的保护,让幼儿了解并认识太平鼓及其保护价值,对于继承和丰富中国鼓文化有着积极意义。

设计意图

正月十五耍社火是当地的民俗,在社火活动中,那鼓声震天的太平鼓给幼儿留下了深刻的印象。鉴于幼儿对民间艺术的了解相对较少,本次活动通过让幼儿用泥制作太平鼓,引导幼儿了解家乡民间艺术,体验操作活动的乐趣。

活动目标

1.了解家乡的民间艺术——太平鼓。

2.用搓圆、捏扁的方法制作太平鼓。

3.体验捏泥活动的乐趣。

活动重点

用搓圆、捏扁的方法制作太平鼓。

活动难点

能均匀地粘贴鼓面。

活动准备

1.太平鼓表演的视频。

2.橡皮泥、钉子若干。

3.太平鼓一个。

活动过程

1.导入活动。

（1）教师敲打太平鼓，请幼儿仔细聆听，并提问：这是什么声音？谁知道这个鼓叫什么名字？

（2）教师小结：它有一个好听的名字，叫太平鼓，是兰州传统民间鼓，号称"天下第一鼓"。

2.认识太平鼓。

（1）教师请幼儿观看太平鼓表演的视频，引导幼儿了解太平鼓是甘肃民间的一种舞蹈，感受太平鼓的独特魅力。

（2）请幼儿观察太平鼓的外形特征及图案，了解太平鼓的制作方法。

3.教师示范用橡皮泥制作太平鼓。

（1）请幼儿尝试说一说制作太平鼓的方法。

（2）教师一边示范，一边讲解制作太平鼓的方法和要点。

将橡皮泥搓成椭圆形的球状，并上下轻轻捏扁；然后用不同颜色的橡皮泥捏两个圆球（扁一点），均匀地粘到鼓面上；再用钉子在鼓边上扎出小孔，教师也可鼓励能力强的幼儿搓出小圆点的美化钉粘在鼓边上。

4.幼儿操作，教师巡回指导。

5.幼儿作品展评。

6.延伸活动：教师带领幼儿在制作好的太平鼓上装饰图案。

教学反思

幼儿对捏泥活动十分感兴趣，参与活动的积极性很高。然而，在观察太平鼓时，幼儿对鼓面和鼓钉的位置观察得不够仔细，导致在制作太平鼓时出现了鼓面太小、鼓钉位置错误的问题。为了确保活动顺利进行，教师应该指导幼儿仅采用一种方法（扎孔）来制作鼓钉，而将装饰性小圆点的美化钉制作留到下一次活动中进行。这样，大多数幼儿都能在规定时间内完成太平鼓的制作。

家乡的月饼

活动领域

艺术

班级

中班

教学理念

中国的传统节日是历史文化的组成部分，是体现民族传统文化的载体，也是民族精神的体现。节日活动是幼儿认同本民族文化的重要方式。幼儿园重视每一个传统节日，通过开发潜在资源，深入挖掘传统节日内涵，弘扬传统文化，创新节日活动形式，丰富幼儿的节日活动内容，让幼儿了解传统节日习俗，感受节日氛围。

设计意图

在中秋节来临之际，家乡香甜的月饼总是能唤起幼儿的美好回忆。在这个浓郁的节日氛围中，让幼儿了解中秋节的习俗；通过欣赏各种各样的月饼，了解家乡月饼的制作过程；通过动手制作月饼，体验动手操作的乐趣。

活动目标

1.初步了解家乡月饼的制作过程，知道中秋节吃月饼的习俗。

2.练习团、压、切的技能，能够运用辅助工具在月饼上刻花纹。

3.在活动中，感受中秋节欢乐的氛围。

活动重点

了解家乡月饼的制作过程，自己动手制作月饼。

活动难点

运用团、压、切的技能制作月饼。

活动准备

1.各种各样的月饼图片。

2.橡皮泥若干，泥工工具以及刻印的工具人手一份。

3.中秋节，家人一起吃月饼的图片。

活动过程

1.谈话导入，引出活动主题，激发幼儿的兴趣。

（1）出示中秋节家人一起吃月饼的图片，请幼儿观察，并提问：画面中的一家人在做什么？你知道什么时候吃月饼吗？

（2）教师出示各种各样的月饼图片，幼儿欣赏，引导幼儿从月饼的形状、颜色、口味说一说月饼的特征。

2.欣赏家乡的月饼。

（1）师：小朋友，你们见过家乡的月饼吗？（教师引导幼儿从月饼的外形和切面进行描述）

（2）教师小结：在我们的家乡，每到中秋节的时候，家家户户都会做一种月饼——花馍。为了庆祝中秋节，人们会用很多材料，做成颜色丰富、图案漂亮的花馍，也叫"千层饼"。

3.教师示范制作月饼的过程：团圆→压扁→叠层→包裹→披花。

4.幼儿尝试自己制作，教师巡回指导。

教师鼓励幼儿运用各色橡皮泥和工具，制作出和别人不一样花纹和图案的月饼。

5.请幼儿展示自己的作品，并说一说自己是如何制作的。

6.教师对幼儿的作品进行点评。

7.延伸活动：在家中，请幼儿与爸爸妈妈一起制作月饼，并品尝月饼，体验动手制作的快乐。

教学反思

月饼是幼儿非常熟悉和喜爱的食品。因此，在本次活动中，幼儿参与活动的积极性很高，能准确回答教师提出的问题。

在活动的前半部分，让幼儿欣赏各种各样的月饼，观看家乡月饼的制作过程，花费了很长时间，导致幼儿自己动手操作的时间有点少。在最后的作品讲述时，部分幼儿不能清楚、完整地讲解自己是如何制作的，并且幼儿的作品千篇一律，创新性不高。在今后的教学活动中，教师要培养幼儿的创新能力，锻炼幼儿的动手操作能力，引导幼儿如何清楚、完整地表达创作的过程。

画葫芦

活动领域

艺术

班级

大班

教学理念

大自然、大社会是活教材。活教材是儿童教育的重要课堂，这是陈鹤琴教育思想的精髓。儿童在自然社会的基础上、在亲自观察中获得感性知识，获取经验。葫芦是当地的观赏性植物，是幼儿生活中常见的。设计"画葫芦"这一活动，是基于幼儿的生活经验，适合幼儿已有认知水平。通过画葫芦活动，培养幼儿热爱大自然、热爱家乡的情感。

设计意图

在幼儿园种植区，幼儿对种植葫芦有浓厚的兴趣。教师抓住这一兴趣点，组织幼儿进行与葫芦有关的探讨：葫芦成熟了是什么颜色？葫芦的种子长在哪里？葫芦可以用来做什么？刻葫芦是当地的一种工艺品，幼儿对刻葫芦也充满了浓厚的兴趣。由于刻葫芦的时候要使用刀具进行刻画，幼儿不宜掌握，因此，从幼儿安全的角度考虑，最后用"画"代替"刻"。

活动目标

1.通过欣赏国画葫芦，引导幼儿了解作画时所需的工具。

2.尝试用毛笔的中锋、侧锋大胆绘画，体验创作的乐趣。

3.引导幼儿感受葫芦和葫芦藤的自然美。

活动重点

学会用毛笔的中锋画出葫芦、藤，用侧锋画出叶子。

活动难点

能通过运笔及墨的浓淡表现葫芦的特征。

活动准备

1.国画葫芦的图片。

2.宣纸、毛笔、颜料（国画）、调色盘、旧报纸、水桶若干。

3.介绍画葫芦的步骤视频。

活动过程

1.谈话导入，引出活动主题。

师：小朋友，你们知道葫芦是什么样子的吗？（教师引导幼儿从葫芦的外形特征和颜色进行描述）

2.教师出示国画葫芦的图片，请幼儿欣赏。

（1）提问：你看到了什么？这幅画是用什么工具创作的？

（2）教师小结：这幅画是国画，也叫水墨画，是用毛笔蘸水、墨、颜料在绢或宣纸上创作的。

3.认识绘画工具。

（1）毛笔：源于中国的传统书写工具，后来逐渐成为传统绘画工具的一种。

（2）颜料（国画）：国画颜料，也叫中国画颜料，是用来绘制中国画的专用颜料。一般有管装膏状和块状，也有粉状。

（3）宣纸：一种高级的毛笔书画用纸，纸质洁白，吸水性好，吸墨均匀，便于长期存放。

4.画葫芦。

（1）观看画葫芦的步骤视频。

（2）教师一边示范画葫芦，一边讲解具体步骤。

①画葫芦叶子的时候，要先浓后淡，画出掌状叶面，最后画上叶子脉络。

②画葫芦时一般由上往下画，先画出葫芦的一半，然后画出另一半，最后用笔填充空白。

③画藤蔓的时候，藤蔓不要过于粗壮，用笔轻轻连着画出。

④最后，在葫芦的底部点蒂。蒂虽然小，但却起到画龙点睛的作用，不仅能使葫芦醒目，还能把葫芦的动态表现出来。

5.幼儿作画，教师巡回指导。

6.幼儿相互欣赏作品，教师评析作品。

7.延伸活动：没有完成的幼儿可以在区角活动中继续创作。

教学反思

在本次活动中，幼儿从欣赏国画入手，通过观察与回忆，说出自己印象中葫芦的外形特征和颜色。在幼儿初步了解了葫芦的外形特征，感受了国画的表现形式后，又了解了绘画时所需要的材料和注意事项。幼儿在作画的过程中，感受画面的墨色变化，学会了简单的水墨画的运笔技巧。虽然幼儿的笔触略显粗糙，但本次活动让他们体验了水墨画创作的乐趣，享受了成功的喜悦，并激发了他们对祖国及中国传统文化的热爱之情。

美丽的树叶喷画

活动领域

艺术

班级

大班

教学理念

幼儿喜欢自然界与生活中美好的事物。他们在欣赏美、感受美的过程中，能用自己比较喜欢的形式与方法去表现美、创造美。教师要创造机会和条件，发展幼儿的艺术表现能力和创造力。

设计意图

美术活动是幼儿园艺术的教育手段之一，通过美术活动，培养幼儿的美术兴趣，使幼儿具有感受美与表现美的能力。《纲要》中提出：幼儿美术教育的价值在于激发情趣，赋予幼儿满足感和成就感。

秋天到了，树叶纷纷从树上飘落下来，形状各异，五颜六色的树叶激发了幼儿的兴趣。教师以树叶粘贴、树叶喷画为导入，引导幼儿认识树叶喷画，感受树叶喷画的美。最后,幼儿通过拼贴、喷色、添画等实际操作,感受树叶喷画带来的独特美感。

活动目标

1.学会运用牙刷蘸上颜料,通过互相摩擦,喷洒成画的方法。

2.通过对树叶进行不同方式的组合,制作出图案不同的牙刷喷画。

3.通过牙刷喷画,感受作画的乐趣。

活动重点

学习喷画技能。

活动难点

通过牙刷喷画,让幼儿感受不同的作画方式,提高幼儿的审美情趣。

活动准备

1.不同形状的树叶。

2.画纸、各种颜料、废旧牙刷、雪糕棒若干。

3.不同类型的树叶画作品。

活动过程

1.教师出示不同类型的树叶画作品,请幼儿欣赏,通过谈话,引出活动主题。

(1)师:小朋友,你们认识这些画吗?这些画是用什么方式画出来的?它会用到哪些工具?(教师请幼儿大胆猜测,着重讲解喷画作品)

(2)教师小结:这种作画的方法叫喷画,先用树叶摆出各种造型,然后喷上自己喜欢的颜料,最后把树叶去掉,颜料晾干,就变成一幅美丽的树叶喷画了。

2.讲解喷画的方法。

(1)教师一边示范,一边讲解喷画的方法,请幼儿观看。

(2)介绍喷色方法:先用废旧牙刷蘸上颜料,再用一支雪糕棒在牙刷上从前往后刮,使颜料喷洒在图案上,尽量要喷满。(教师重点讲解怎样使用雪糕棒进行喷洒)

(3)请幼儿在作品上进行添画,使树叶喷画更加美丽。

3.教师提出作画要求。

(1)保持桌面干净、整洁。

(2)作画时,不要将颜料喷洒到其他小朋友的身上。

4.幼儿动手操作,教师巡回指导,对能力弱的幼儿给予适当帮助,也可让幼儿相互合作,完成一幅作品。

5.展示作品,请幼儿相互欣赏,教师进行评价。

教师可以根据幼儿作品的造型、饱满度及幼儿操作的方法进行评价,也可以请幼儿自评或者互评。

6.延伸活动:没有完成作品的幼儿,可以在区角活动中继续创作;完成作品的幼儿,可以尝试运用其他材料创作喷画。

教学反思

本次活动重点是让幼儿掌握喷画的技能。在学习喷画技能之前，通过让幼儿欣赏不同类型的树叶画，激发幼儿创作绘画的兴趣。然而，在讲解喷画技能时，教师主要以讲解和示范为主，忽略了幼儿的互动与参与，使个别幼儿失去耐心。因此，教师应该引导幼儿一起讨论喷画的方法，以增强他们的参与感。在作画过程中，个别幼儿会用不同的方法去喷画，教师要及时给予支持和鼓励。对于那些能力弱的幼儿，教师要适时进行引导和帮助。

学做小眼镜

活动领域

艺术

班级

大班

教学理念

幼儿能够大胆地运用当地的自然材料，根据身边的物品开展美工操作活动，展现自己的所见所闻。这样的过程不仅让幼儿知道自然材料可以转化为生活中的装饰品，还可以引导幼儿在进一步的创作中体验制作艺术品的乐趣。

设计意图

玉米秆是生活中常见的自然材料。小时候，老师经常使用玉米秆制作玩具小眼镜，戴上这种小眼镜会有一种很酷的感觉。本次活动旨在激发幼儿利用玉米秆制作小眼镜的兴趣，通过这一过程锻炼他们的手部精细动作技能，引导他们学习美术制作中常见的撕、插等技巧。

活动目标

1.尝试运用撕、插等方法，制作小眼镜。

2.能积极参与手工制作活动，体验动手操作的乐趣。

活动重点

运用撕、插等方法，学习制作小眼镜。

活动难点

掌握制作小眼镜的方法。

活动准备

1.玉米秆若干。

2.用玉米秆制作好的小眼镜。

活动过程

1.谈话导入。

教师拿起一根玉米秆，与幼儿分享自己童年的回忆。

师：小朋友，你们知道这是什么吗？这是我小时候经常在田野里见到的玉米秆。那时候，我常常用它来制作各种有趣的小玩意儿。

2.展示成品。

教师拿出制作好的玉米秆小眼镜，请幼儿观察，激发他们的好奇心和兴趣。

3.材料介绍与示范讲解。

（1）材料介绍：教师向幼儿介绍玉米秆的特性及其环保价值。

师：看，这些既轻巧又环保的玉米秆，我们可以利用它们天然的形态，通过简单的撕、插动作，变成一副可爱的小眼镜。

（2）步骤讲解：教师示范如何将玉米秆撕成细条，并将这些细条插入适当的位置，组装成小眼镜的形状。

4.幼儿操作与指导。

（1）分发材料：教师确保每个幼儿有足够的玉米秆。

（2）幼儿操作：幼儿尝试按照示范步骤制作小眼镜，其间教师细心指导，确保每个幼儿都能完成制作。

（3）教师巡回指导：教师要及时帮助幼儿解决在制作过程中遇到的问题，并鼓励他们相互学习、交流和合作。

5.展示与评价。

（1）作品展示：完成作品后，教师组织一个小型的展览，让每个幼儿都有机会展示自己的小眼镜，同时也能欣赏到同伴的作品。

（2）评价交流：教师引导幼儿进行互评，谈谈自己的制作体验，包括在制作过程中遇到的挑战和解决方法。

6.教师总结今天的活动重点，强调幼儿通过制作小眼镜所学习的手工技能和创意思维。

7.延伸活动：教师启发幼儿思考玉米秆的其他用途，并鼓励他们在家里尝试制作更多的手工艺品。

师：除了制作小眼镜，我们还可以用玉米秆做些什么呢？比如小动物、小花……回家后可以和爸爸妈妈一起动手试试！

教学反思

在活动中，幼儿对制作小眼镜活动比较感兴趣。对幼儿来说，制作小眼镜是个难点，特别是将玉米秆皮要撕得均匀，既考验了幼儿的手眼协调能力，又锻炼了幼儿手部小肌肉动作及手指的灵活性。在活动中，幼儿的注意力比较集中，能在教师的引导下制作出比较美观的小眼镜。

做香包

活动领域

艺术

班级

大班

教学理念

端午节是中国的传统节日之一，在历史的长河里陪伴着每一个华夏儿女，承载着劳动人民对幸福生活的向往。为了让幼儿感受端午节的习俗，了解中国传统节日文化，并促进中华优秀传统文化的传承和发扬，幼儿园开展了与端午节有关的主题教育活动。这些活动旨在增强幼儿的民族自豪感，引导幼儿在优秀民族文化的滋养中，体会传统节日的快乐。

设计意图

为大力弘扬中国传统文化，感受端午节丰富的文化内涵，进一步增进幼儿爱国主义的情感，每年的端午节，幼儿园都会从儿童本位出发，开展形式多样、内容丰富、生动有趣的端午节主题教育活动。这些活动旨在让幼儿在节日熏陶中，感受中国传统文化的魅力与内涵，体验节日的快乐。

活动目标

1.了解中国传统节日——端午节，知道端午节人们除了包粽子，还会制作香包来驱虫避邪。

2.学习用一次性纸杯制作香包，并尝试用自己喜欢的图案装饰香包。

3.体验传统节日的快乐。

活动重点

学习用纸杯制作香包，用喜欢的图案装饰香包。

活动难点

用喜欢的图案装饰香包。

活动准备

1.不同形状、图案、颜色的香包图片。

2.一次性纸杯、彩绳、艾叶、牙签、油画棒等操作材料。

3.介绍端午节来历和习俗的视频。

4.用纸杯制作香包的步骤视频。

活动过程

1.教师播放介绍端午节来历和习俗的视频，请幼儿观看，激发幼儿对活动的兴趣。

2.教师出示不同形状、图案、颜色的香包图片，请幼儿仔细观察，并说一说自己看到的香包是什么样子的。

3.教师示范制作香包。

（1）教师出示纸杯，请幼儿讨论用纸杯怎样制作香包。

（2）教师出示艾叶，让幼儿闻一闻，并向幼儿介绍艾叶的作用。

（3）教师播放用纸杯制作香包的步骤视频，请幼儿观看。

（4）教师示范制作香包的方法：将纸杯口压扁，用牙签在杯口边缘扎几个孔。把艾叶放入纸杯中，用红绳逐个进行穿孔，像缝衣服一样，把杯口缝合起来，最后在杯口打个漂亮的结。

（5）用油画棒在纸杯上画出自己喜欢的图案。

4.发放操作材料，幼儿动手操作，教师巡回指导。

5.幼儿相互欣赏作品。

6.指导幼儿在纸杯杯底写上自己的名字或祝福的话语，作为节日礼物赠送他人。

教学反思

在本次活动中，幼儿学习了如何通过剪裁、粘贴和缝制来制作香包，体验了手工制作香包的乐趣。通过观看视频，他们了解了香包的制作过程，同时也锻炼了自己的动手操作能力和观察力。

不足：在教师示范制作香包时，所展示的香包图案相对简单，但幼儿更偏爱挑战较为复杂的心形香包，导致一部分幼儿在制作过程中遇到了困难，无法独立完成作品。此外，香包的缝制环节也较为复杂，需要在教师的细心指导下才能顺利完成。

辣辣地吃上个搅团

活动领域

艺术

班级

大班

教学理念

《纲要》强调，应当充分利用本土资源，开展当地民间艺术的传承教育。榆中地区的特色小吃作为当地风俗文化的重要组成部分，有着悠久的历史。通过学习民间歌曲，幼儿能更加深刻地感受传统文化艺术的魅力，亲身体验传统美食制作的过程，并领略民间歌曲的幽默与趣味。

设计意图

搅团是民间流传的一种地方特色小吃，对于土生土长的榆中人来说，这种小吃非常常见。然而，将搅团作为主题融入民间歌曲进行传唱，尤其是在音调上，对大班幼儿来说可能有一定难度。因此，本次活动旨在帮助幼儿学会演唱这首歌曲，让他们感受民间音乐的欢快节奏，增进他们对东乡族生活习俗的了解。

活动目标

1.初步学习歌曲，感受歌曲的热情和欢快节奏。

2.在活动中，了解东乡族人们生活的习俗。

活动准备

1.搅团图片。

2.歌曲《辣辣地吃上个搅团》。

3.体现歌曲内容的图片。

活动过程

1.出示搅团图片，激发幼儿活动的兴趣，引出活动主题。

提问：这是什么食物？（教师引导幼儿自由想象，大胆进行作答）

2.认识搅团。

教师请幼儿说一说：你吃过的搅团是什么样的？是什么味道的？你知道哪些人喜欢吃辣辣的搅团？

3.学习歌曲，增强幼儿对东乡族人们生活习俗的了解。

（1）播放歌曲，幼儿一边欣赏歌曲，一边观察图片。

师：这是我们甘肃的特色小吃——搅团，人们非常爱吃。东乡族的朋友们还把好吃的搅团编成了一首有趣的歌，让我们一起来听一听。

（2）教师逐句演唱歌曲，帮助幼儿理解歌词内容。

（3）教师演唱第一段歌曲，幼儿欣赏，感受歌曲的旋律。

师：这首歌听起来有什么感觉？（愉快地、舒展地）

（4）幼儿学唱第一段歌曲，在图片的提示下，引导幼儿准确地唱出歌词及节奏。

（5）幼儿学唱第二段歌曲，并在教师的帮助下完整地进行演唱。

4.幼儿跟随教师一起演唱歌曲2～3遍。

5.教师引导幼儿根据歌词创编简单的动作，学习用神态、动作表现吃搅团的情景。

6.教师带领幼儿表演歌曲，引导幼儿体会歌曲表演的快乐。

教学反思

在活动过程中，幼儿对民间歌曲表现出了浓厚的兴趣。其中一些幼儿由于有过吃搅团的生活经历，能够真切地体会到搅团的美味。由于民间歌曲的曲调通常较为丰富，这对教师的钢琴演奏技巧提出了较高的要求，因此，教师在课前需要进行充分的准备。此外，幼儿在学唱过程中对歌曲节奏的掌握尚显不足，需要通过反复练习来加强。

附：歌曲

辣辣地吃上个搅团

1=♭B 3/4

东乡族民歌

中速　愉快地

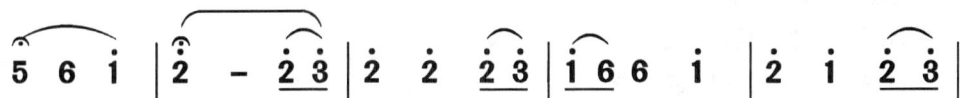

哎 哟，油泼呀辣子的油泼了
哎 哟，尕妹子坐在了我跟

蒜呀，哎哟，油泼了蒜呀，辣辣
前呀，哎哟，我跟前呀，喝一

地 呀 吃上个搅团 也。
碗 呀 凉水真舒坦 也。

割韭菜

活动领域

艺术

班级

大班

教学理念

在幼儿园音乐教学中，歌唱活动是幼儿语言活动的拓展。民间歌曲是劳动人民通过歌声来表达自己欢快、愉悦的心情。幼儿园充分挖掘本土音乐教育资源，选取榆中上庄民歌为主要活动内容，旨在让幼儿感受榆中民歌音乐的风格特点，激发幼儿热爱家乡之情，体现榆中县幼儿园"泽纳本土幼儿，润育本真儿童"的文化理念，进一步提升幼儿的音乐素养，促进幼儿全面和谐发展。

设计意图

音乐教学内容的选择应当紧密结合儿童的自然成长环境。为了让幼儿了解榆中本土音乐的魅力，喜欢本土民歌，对本土音乐文化产生兴趣，设计本次活动。活动通过多样化的教学方法，创造丰富的学习场景，引导幼儿在歌曲演绎中感受那些渗透于本土民歌中的家乡情怀。

活动目标

1.学唱歌曲《割韭菜》。

2.能根据歌曲内容，大胆创编动作，表现歌曲。

3.体验音乐活动的乐趣，感受家乡民歌的特点。

活动准备

韭菜实物。

活动过程

1.谈话导入。

（1）教师出示韭菜实物，请幼儿观察，并提问：这是什么？它生长在哪里？你们知道农民伯伯是怎样收割韭菜的吗？

（2）教师小结：韭菜是人们生活中常吃的一种蔬菜，它生长在土地里，每到韭菜收获的季节，农民伯伯就会用镰刀割韭菜。

2.学唱歌曲。

（1）教师完整地演唱歌曲，幼儿欣赏，感受歌曲的旋律。

（2）提问：歌词里都唱到了什么？教师请幼儿相互交流，鼓励幼儿大胆进行讲述。

（3）教师带领幼儿逐句学唱歌曲。

3.教师请幼儿自由创编动作，表现歌曲。

4.教师带领幼儿集体表演歌曲。

教学反思

《割韭菜》是榆中本地的一首民歌。在教学活动中，教师以范唱入手，引导幼儿在聆听、模仿中体会歌曲音调的特点。通过学唱歌曲，帮助幼儿理解歌词，感受歌曲的旋律。本次活动的目标基本达成，幼儿对学唱民歌的积极性很高，能创编肢体动作，表现歌曲。

附：歌曲

割韭菜

1=F 2/4

榆中上庄民歌

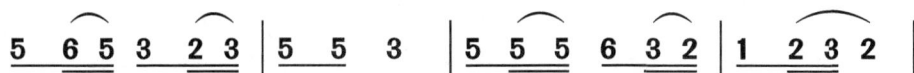

5 65 3 23	5 5 3	5 5 5 63 2	1 232

正（呐）月（的个）十（呀）五　娃娃（的）舅舅　来（呀），
左　　手里　拿　上　割呀　韭的个镰（呀），

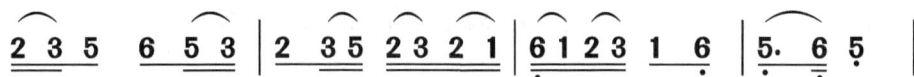

2 35 6 53	2 35 2321	6123 1 6	5. 6 5

打　发女娃子　割韭菜（呀）花儿　尖尖　开　呀，
右手里拿上　菜篮篮（呀）花儿　尖尖　开　呀，

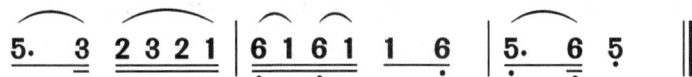

5. 3 2321	6161 1 6	5. 6 5

哎　　哟　　花儿　倒尖　开　呀。
哎　　哟　　花儿　倒尖　开　呀。

第二节　社会实践活动

欢乐元宵，精彩纷呈
——榆中县幼儿园元宵节主题活动方案

设计理念

传统文化是中华民族精神基因的传承。为了弘扬中华优秀传统文化，践行社会主义核心价值观，推动传统节日的发展，榆中县幼儿园组织了一系列丰富多彩的活动。这些活动旨在让幼儿在参与中增强对传统文化的认知、尊重和继承，并鼓励他们弘扬这些文化。

元宵节作为中国的传统节日之一，不仅具有深厚的历史文化意义，还象征着新的开始和万物的更新。在这样的背景下，本园开展了以"欢乐元宵，精彩纷呈"为主题的庆祝活动，旨在进一步宣扬这一重要的传统节日，使中华传统文化更加深入人心。

活动主题

欢乐元宵，精彩纷呈

活动目标

1.知道正月十五是我国的传统节日——元宵节，了解元宵节的来历及习俗。

2.能积极参加猜灯谜、做花灯、做元宵等活动，体验动手操作的乐趣。

3.能用多种形式参与民俗表演，体验元宵节的快乐。

活动时间

2018年3月2日14：30—17：30

活动地点

幼儿园操场

活动人员

全体教师、家长及幼儿

活动分组及人员分工职责

一、活动分组

组长：刘文平（园长）

副组长：杨小花（副园长）

成员：王莉、王德民、蒋桂珍、王惠青、寇军玉

二、人员分工职责

行政后勤组

1.给家长发放元宵节活动通知及邀请函。

2.本次活动公共区域的布置。

公共场地用气球、彩带、彩旗、灯笼、彩灯进行装饰，在凸显的地方挂横幅，横幅内容为：榆中县幼儿园"欢天喜地闹元宵"亲子游园会。

3.观赏区、休息区、领奖区布置。

在观赏区放置区域规则提示展板，悬挂每个班级幼儿、教师收集的花灯；在休息区摆放椅子，供幼儿和家长休息；设置领奖区，幼儿可在游玩的过程中收集印章。当集齐一定数量的印章后，他们可以到领奖区兑换奖品。

小班组

1.知识区：展示"元宵节的由来"展板，由家长给幼儿进行讲解。

2.许愿区：放置许愿树、区域活动规则提示板和水彩笔，该区负责人备好许愿卡，由家长帮助幼儿填写祝福语。

3.元宵制作区：准备制作元宵所需的材料，包括糯米粉、各种馅料、盆子、一次性餐盒以及一次性手套等；布置活动规则展板；布置好桌椅，在每张桌前安排一位熟悉元宵制作的教师，以便在家长和孩子们制作元宵时提供帮助和指导。

中班组

1.花灯制作区：设置一块区域规则提示板；根据场地大小合理布置桌椅，可以并排摆放或者分开放置；准备制作花灯所需的材料，如皱纹纸、彩色卡纸、宣纸、剪刀、胶棒、胶水、塑料瓶、彩色毛线和彩笔等；每张桌子前配备一位熟练的花灯制作教师，以协助家长和孩子们，确保他们能够顺利完成花灯制作。

2.灯谜区：放置区域规则提示板；教师汇总幼儿之前学习过的灯谜，并搜集一些新的、相对简单的灯谜，以此来制作装有灯谜的彩灯。

大班组

民俗表演区：教师投放表演材料，组织大班幼儿进行民俗表演，如舞龙、扭秧歌、写春联、剪窗花、捏面人等。

其他注意事项：

1.各组教师需提前制作每个区的标牌和区域规则提示板。

2.每个年级组选定一位教师作为采访员，在活动中对幼儿进行采访。

3.由3～5个幼儿园后勤人员组成一个安全小组。

4.行政后勤组负责准备活动期间要发放的小奖品、音响设备、欢快的音乐，其他各区需要准备好小印章。

5.各组组长负责各自分配的区域活动，具体细则和分工由组长统一安排。

6.各组在2月28日前制定各组活动细则及分工，报园委会审议通过。

7.全体教师和幼儿利用假期时间每人制作一台花灯。

活动流程

1.各位教师按班级组织幼儿在各自班级规定的区域集合。幼儿集合完毕后，家长们可以进入园区，并站在自己孩子所在班级的后面。

2.主持人宣布活动开幕。

3.园长致辞。

4.教育局领导致辞。

5.主持人宣布活动开始，各区域教师、幼儿及工作人员就位。

6.家长带幼儿在各区自由游玩。

温馨提示

1.请家长带领幼儿在正月十五的14：30前往操场参加本次活动。活动将持续至17：00结束，要求在16：30之前不允许带幼儿离开操场。待活动正式结束后，家长方可带幼儿离园。

2.本次活动共设有10个游玩区域，请家长带领幼儿前往各区域参与。在活动开始前，请与幼儿一同仔细阅读游戏规则以及温馨提示，并听从各区域负责老师的组织和安排。

3.本次活动旨在让幼儿知道正月十五是中国的传统节日——元宵节，了解元宵节的来历和习俗，鼓励幼儿积极猜灯谜、做花灯、做元宵、参加民俗表演等活动。请各位家长积极引导，激发幼儿参加活动的兴趣，认真读谜面、猜谜底、听讲解、勤动手、乐表演，在活动中促进幼儿全面健康发展。

4.游玩时，请注意避免聚集和拥挤，优先选择人数较少的区域进行游戏。同时，应遵循游戏规则，互相体谅，以文明的方式享受游乐，从而为幼儿树立学习的榜样。

5.完成每个区域的活动后，请确保区域负责老师在邀请函背面盖上印章。收齐五枚印章后，即可前往奖品兑换处领取一份奖品。

6.由于老师忙于组织活动，无法照顾孩子，请家长在活动中积极引导孩子的热情，同时注意看护孩子，并确保他们的安全。

7.活动期间，家长请勿在园内吸烟或携带危险品，并自觉维护幼儿园的清洁。

活动总结

3月2日是中国的传统节日——元宵节。为全面落实《兰州市幼儿园情景教育实施方案》相关精神，让孩子们度过一个喜庆而有意义的节日，榆中县幼儿园组织了"欢乐元宵，精彩纷呈——榆中县幼儿园元宵节主题活动"。

本次活动以"亲子游园会"的形式进行，共设置了十个游玩区域，让家长和孩子们一同参与。通过这种形式，旨在提供一个让孩子与成人、同伴共同交往、游戏的机会，鼓励他们主动参与、学习，培养友善友爱、自信阳光的性格，学会合作分享，理解并遵守规则，从而初步掌握人际交往的技能。

在活动中，孩子们有机会深入了解我国的传统节日——元宵节，包括其来历和习俗。他们可以积极参与猜灯谜、做花灯、做元宵、参加民俗表演等活动，这些都为他们提供了丰富的情感体验和趣味性的游戏活动，让他们在欢乐的气氛中感受到传统佳节的魅力。

此外，老师还鼓励家长积极参与，引导孩子认真读谜面、猜谜底、听讲解、勤动手、乐表演，积极参加各项活动，促进孩子的全面健康发展。

在这次活动中，孩子们还有机会参与到剪窗花、玩舞龙、扭秧歌、捏面人、观书法等丰富多彩的活动中，这些活动不仅让他们感受到元宵节的民俗风情，也促进了他们的全面发展。

总的来说，这是一次有意义的活动，它为孩子们带来了难忘的经历，也为他们提供了与老师共同成长的机遇。期待在未来的日子里，幼儿园能够举办更多这样的活动，为孩子们的成长提供更多的支持和帮助。

我和消防员叔叔面对面
——榆中县幼儿园走进消防队主题活动方案

设计理念

《纲要》中明确指出：幼儿园应与家庭、社区密切合作，与小学相互衔接，综合利用各种教育资源，共同为幼儿的发展创造良好的条件。幼儿园必须把保护幼儿生命和促进幼儿健康放在工作的首位。为了增强幼儿的消防安全意识，掌握一些自救、逃生和自我保护的消防安全知识，加强自防自救能力，2018年5月11日，榆中县幼儿园组织中班幼儿走进榆中县公安消防大队，与消防员面对面，零距离地参观消防大队，体验消防生活，学习消防知识。

活动主题

我和消防员叔叔面对面

活动目标

1.提高幼儿面对火灾时的应对能力，培养他们的消防安全意识。

2.掌握自救和逃生技巧，营造一个安全的消防环境。

活动时间

2018年5月10日 8:50—11:30

活动地点

榆中县公安消防大队

活动人员

中班组全体教师、幼儿和行政后勤人员

活动分组及人员分工职责

一、活动分组

组长：刘文平（园长）

副组长：杨小花（副园长）

成员：王莉、王德民、蒋桂珍、寇军玉、高小燕、金晓玲

二、人员分工职责

带班教师

负责带队的老师需依据活动计划认真组织，确保内容熟练掌握，并时刻核对幼儿人数。在带队步行前往消防队的途中，三名教师需分别位于队伍前、中、后，指导幼儿保持秩序，走路时不玩耍、不打闹，留意车辆，照顾体质较差的孩子，确保安全。教师之间应分工协作，各司其职，不得擅离职守。如遇突发状况，立即向活动领导小组报告。活动结束后，各班需撰写总结和宣传文章，并在班级群内分享。

行政后勤人员

行政后勤人员应积极协助带班教师安排活动，确保幼儿安全，不得擅自离开班级。在过十字路口时，要主动拉设警戒线，确保所有幼儿安全通过。具体安排如下：

中一班：王　莉　　　中二班：王德民　　　中三班：蒋桂珍

中四班：寇军玉　　　中五班：高小燕　　　中六班：金晓玲

保健医

保健医需准备必需的急救用品，以应对幼儿可能发生的突发状况。

活动流程

一、集合

9:00，请在消防队大门集合，领队点名后带队参观。

二、参观内容

1.神秘的消防车——消防车大揭秘。

指导重点：鼓励幼儿大胆向消防员进行提问。

2.神气的消防员叔叔——观看消防员穿战斗服进行表演。

指导重点：模仿消防员神气的样子。

3.消防员叔叔的生活——参观消防员的宿舍，观看他们叠被子。

指导重点：消防员是怎样整理内务的？

4.威武的消防云梯和令人惊叹的高压水枪——现场演示消防云梯的伸缩功能和高压水枪的喷水效果。

指导重点：消防云梯有多高？高压水枪喷得有多远？

5.合影留念——在消防车前，与消防员合影。

三、活动结束

11：30，请在消防队大门集合，领队点名后带回幼儿园。

温馨提示

1.活动前，教师收集幼儿感兴趣的关于消防方面的问题。

2.在活动过程中，教师要提醒幼儿不要乱跑，不要大声喧哗，要注意安全，认真观看，仔细聆听消防员的讲解，学习消防安全知识。

3.幼儿只需携带水杯即可，不要带零食、玩具等，不要乱丢垃圾。

4.鼓励幼儿主动向消防员提问，并对消防员的解答报以掌声表示感谢。

活动总结

《纲要》强调了保护幼儿生命和健康的重要性。为增强幼儿的消防安全意识，教授他们自救和逃生技能，榆中县幼儿园于2018年5月10日组织中班幼儿参观了当地消防大队。

在老师和消防员的带领下，孩子们了解了消防车及装备，体验了穿戴消防员的个人防护装备。消防员用孩子们能够理解的方式进行讲解，使他们对消防设备的功能和使用有了直观的认识。

此次参观活动不仅增加了孩子们的消防安全知识，还让他们了解了消防队员的日常工作，激发了他们学习消防精神的兴趣，有助于他们的健康成长。

走进自然，快乐采收
——榆中县幼儿园亲子采摘活动方案

设计理念

孩子们的世界是充满想象和好奇的，他们对探索周围事物表现出浓厚的兴趣。自然环境和社会环境本身蕴含着丰富的教育价值，这些是室内图片所无法完全展现的。实际上，自然和社会是教育资源的宝库。社会实践活动对于培养儿童的社交技能、独立性和意志力至关重要。然而，现代家庭结构往往使孩子处于一个相对单一、孤立和封闭的生活环境中，缺乏与外界交流的机会。社会实践能够提供这样的环境与机会，让孩子们有更多机会表达自己，并在实践中学习沟通和理解他人，学会与人和睦共处。

活动主题

走进自然，快乐采收

活动目标

1.通过参加亲子采摘活动，感受和爸爸妈妈一起参加集体活动的乐趣，体验亲子采摘的快乐，增强团队意识。

2.为幼儿提供一次亲近自然、走进自然、认识自然的机会，增长幼儿的知识，开阔幼儿的眼界，体验春天的变化和大自然的美丽风景。

3.通过本次活动，使幼儿进一步熟悉同伴，增进同伴间的友情，同时也为平时忙碌的家长提供一个与教师、家长和孩子相互交流的平台，促进家园共育。

活动时间

2021年4月3日14：30—17：30

活动地点

榆兴农庄

活动人员

小班幼儿及家长、小班全体教师、全体行政后勤人员

活动分组及人员分工职责

一、活动分组

组长：刘文平（园长）

副组长：杨小花（副园长）

成员：王莉、王德民、蒋桂珍、王惠青、寇军玉

二、人员分工职责

家长

本次活动采取家长自愿报名的方式。请家长在指定时间带领孩子准时到达集合地点，并负责孩子的途中安全。到达后，遵守工作人员和教师的安排，保持团队统一行动，不要擅自离开。活动结束后，家长需确保孩子安全返回。若继续游玩，幼儿园不负责安排与管理，孩子的安全完全由家长负责。

带班教师

带班教师要按照活动方案认真组织活动，做到活动内容心中有数，随时清点幼儿人数。活动中由一名教师主讲，其他两名教师分别在队伍前后维护秩序与安全。教师必须明确各自职责，不得无故离岗，确保活动顺利进行。若遇突发情况，应立即向组长报告，并确保可通过准备好的家长电话名单及时联系到家长。准备种植活动所需的

工具和材料，如铲子、种子、水壶及水源。活动后，各班应撰写活动总结，制作美篇，并在班级群内进行分享。

行政后勤人员

行政后勤人员协助带班教师组织活动，不得擅自离开岗位，确保活动顺利进行。具体安排如下：

小一班：王　莉　　　小二班：王德民　　　小三班：蒋桂珍

小四班：寇军玉　　　小五班：王惠青

保健医

保健医需准备必需的急救用品，以应对幼儿可能发生的突发状况。

活动流程

14:30—14:40　家长带幼儿准时到达榆兴农庄大门集合，各班清点人数。

14:40—14:50　带班教师向家长和幼儿介绍采摘活动具体安排及注意事项。

14:50—16:00　摘草莓活动。

16:00—17:20　种植活动、游戏活动。

17:20—17:30　各班集合，清点人数。

17:30　家长带幼儿安全返回，活动结束。

温馨提示

1.成立采摘活动指挥小组，各班级准备活动方案。

2.活动期间，一切行动听指挥，准时到达活动地点，按时返回。全体参加活动人员保持手机畅通，随时联系。

3.每一次集合时，各班级负责人及时清点班级人数，由赵淑霞负责向指挥小组报告幼儿总人数，确保幼儿安全。

4.注意言行文明，爱护公共设施，不随地乱扔垃圾。

5.发放"家长告知书"，向家长介绍本次采摘活动的目的及注意事项。

6.保教处提前确定采摘路线，对活动地点的安全情况进行实地察看。

活动一：摘草莓

清明前后，正值采摘草莓的好时节。来到绿油油的草莓园，看到又大又红的草莓，孩子们热情高涨，好奇地伸出小手触摸草莓叶，把头凑近白色的小花，闻它的清香。老师向小朋友传授了采摘要领后，他们便迫不及待地挎起小篮子，把新鲜的草莓小心翼翼地采摘下来，放入篮中。

"老师，草莓好香，好好闻哦！"

"妈妈，快看！我的篮子都快装满喽！"

"爸爸，草莓为什么不长在树上呢？"

活动二：亲子种植

春风带着绿色的气息扑面而来，它吹绿了枝头的嫩芽，吹绿了地上的小草，还吹动了小朋友们的爱心！瞧，他们早早备好了种子，拿着小铲子、水壶，在爸爸妈妈的帮助下，耐心地翻土、播种、浇水，细心呵护着自己的小种子，希望它快快发芽，赶紧长大。

一颗种子是怎样长大的？怎样种下去，它才能快快发芽？它需要哪些"营养成分"？孩子们一边感受着泥土的芬芳，体验着劳动的乐趣，一边在心中播撒绿色的希望，收获着爱与责任。

"老师，我的豌豆种子真的会发芽吗？"

"爸爸，我们不在，我的种子会不会被渴死？"

"妈妈，小种子要是饿了该怎么办呢？"

活动总结

在这次活动中，孩子们不仅体验到大自然的神秘魅力和与小伙伴团结合作的快乐，更难得的是收获了一份珍贵的亲子时光。老师们将课程"搬"到户外，让孩子们在大自然中开启"发现之旅"，激发他们内心深处无限的潜能，享受最美的春光！

正如陶行知先生所说："要解放孩子的空间，让他们去接触大自然的花草、树木、青山、绿水、日月、星辰……自由地对宇宙发问，与万物为友。"在万物复苏的春天，自然界就是最好的课堂，花草鱼虫就是最好的百科全书。

春天不是读书天，掀开门帘，投奔自然。春天不是读书天，放个纸鸢，飞上蓝天。

在孩子们眼中，世界是多姿多彩的，他们睁大求知的双眼，给生活中的一切事物都赋予了生命。社会、自然为他们提供了极好的学习环境，而"实践"则是孩子们探索学习的工具。作为幼儿园课程的重要部分，社会实践活动给孩子们带来了真实的生活体验。他们用眼睛去看、用手去触摸、用心去感受，获得最直接的情感体验，在潜移默化中促进了自身各方面的发展。2021年4月3日，榆中县幼儿园组织了一次小班亲子采摘活动，带领孩子们走进自然，走进春天。在这最美的四月天里，春风拂面，草长莺飞，阳光明媚。老师、家长和孩子们怀揣着兴奋的心情，迈着轻快的步伐，一起踏上了这段充满惊喜的亲子采摘之旅。在这场与大自然零距离接触的旅途中，孩子们发现了哪些秘密？又收获了怎样的体验？这些问题值得每位老师和家长深思。

触摸历史，感知文化

——榆中县幼儿园大班幼儿走进博物馆主题活动方案

设计理念

博物馆作为人类文明发展过程中的一处独特文化景观，它如同一部记录了辉煌历史和人文艺术的百科全书。教育家陶行知先生提出：生活即教育，社会即学校，教学做合一，只有亲身参与实践体验，才能有更加深刻的认知，获取更多的生活经验。对于孩子们来说，博物馆是他们探索自然、历史、生命，开启爱国主义的第二课堂。榆中县幼儿园开展的"触摸历史，感知文化"走进博物馆主题活动，可以让孩子们近距离地接触和了解祖国和家乡的历史文化，感受祖国和家乡文化的丰富与优秀，理解基本的社会行为规则，激发幼儿爱祖国、爱家乡、爱自然的情感。

活动主题

触摸历史，感知文化

活动目标

1.本次活动旨在让幼儿亲密体验本土文化，认识祖国和家乡的文化瑰宝，感受家乡的进步与变迁，从而培养他们对祖国、家乡和自然的深厚情感。

2.通过多种方式拓展社会领域的教育，创造多元化的学习环境，丰富幼儿的情感体验。

活动时间

2018年6月7日14:30—18:00

活动地点

榆中县博物馆

活动人员

大班全体教师和幼儿

活动分组及人员分工职责

一、活动分组

组长：刘文平（园长）

副组长：杨小花（副园长）

成员：王莉、王德民、王惠青、寇军玉、杨小花

二、人员分工职责

带班教师

带班教师需依照计划组织活动，并随时清点幼儿人数。在带队步行至博物馆期间，三名教师需分别位于队伍前、中、后部，确保幼儿有序行进，防止玩耍打闹，并

注意交通安全，特别要照顾体弱孩子，确保全体幼儿安全。教师需明确各自职责，不得擅离职守，如遇紧急情况，应立即报告总负责人。活动结束后，教师需撰写活动总结，并在班级群内分享。

行政后勤人员

行政后勤人员应积极协助带班教师安排活动，确保幼儿安全，不得擅自离开班级。在过十字路口时，要主动拉设警戒线，确保所有幼儿安全通过。具体安排如下：

大一班：王　莉　　　大二班：王德民　　　大三班：王惠青

大四班：寇军玉　　　大五班：杨小花

保健医

保健医需准备必需的急救用品，以应对幼儿可能发生的突发状况。

活动流程

1.14：00准时到幼儿园门口集合，各班清点人数，整队出发。

2.到达博物馆后，教师组织幼儿有序入场，在博物馆专职讲解员的带领下开始参观活动。

3.教师陪同幼儿在馆内有序参观，及时帮助有需求的幼儿。

4.参观完毕，全体成员在博物馆门口拍照留念。

5.18：00活动结束后，请家长统一到博物馆门口接幼儿离开。

温馨提示

1.严禁携带危险品入馆。

2.引导幼儿文明参观，保持馆内安静，禁止追逐打闹，爱护公物，不得随意触摸展品和其他易碎品。

3.保持馆内卫生清洁，禁止随地吐痰，禁止乱扔果皮纸屑。

活动总结

为了让孩子们深入了解家乡文化，体验家乡变迁，激发他们爱国、爱家乡的情感，幼儿园于2018年6月7日下午组织大班幼儿前往榆中县博物馆参加了一次社会实践活动。

孩子们兴奋地排着队等候入馆，脸上洋溢着期待的笑容。在参观过程中，他们聚精会神地观看展品，并在讲解员的引导下提出自己的看法。这次活动让孩子们如同穿越时空，从史前时期一路了解到现代文明。

此次博物馆之旅不仅丰富了孩子们的知识，也拓宽了他们的视野。正所谓："读万卷书，不如行万里路。"他们不仅亲身感受到家乡文化的魅力，还增强了保护文物的意识，培养了对家乡和祖国的深厚情感。

印象榆中，亲近自然

——榆中县幼儿园大班幼儿走进素朴李家庄主题活动方案

设计理念

最好的教育，是让孩子在大自然中成长。著名教育家苏霍姆林斯基曾说："大自然是一本教科书，是世界上最有趣的老师，她的教益无穷无尽。"大自然这个"大宝藏"，就是送给孩子最好的礼物。一个孩子的成长萌芽一定不是在课程中得到的，而是在幼小年龄时，从他爬过的树、钻过的洞开始，从他的亲身体验与探究开始。大自然中的声音、色彩、气味、触感，给孩子们带来了丰富的感官刺激。素朴李家庄，作为榆中地区著名的景点，吸引了众多游客。作为当地孩子，应该走出教室，接触社会和自然，从生活中学习，在自然中成长，以实现全面自我发展。

活动主题

印象榆中，亲近自然

活动目标

1.让幼儿深入接触大自然，亲身感受自然界的景色变化和植物的生长过程。

2.通过活动，引导幼儿熟悉素朴李家庄的各景点名称，欣赏景点的美，从而培养他们对家乡的热爱之情。

3.培养幼儿的团队协作意识和敢于挑战的勇气。

4.培养幼儿自己解决问题的能力，如为自己的游览活动做计划、准备外出的物品、学习照顾自己、出现问题会求助等。

活动时间

2019年5月17日9：30—15：30

活动地点

素朴李家庄

活动人员

大班幼儿及家长、大班教师以及行政后勤人员

活动分组及人员分工职责

一、活动分组

组长：刘文平（园长）

副组长：杨小花（副园长）

成员：王莉、杨小花、蒋桂珍、付瑞祥、寇军玉

二、人员分工职责

家长职责

本次活动采取家长自愿报名的方式。请家长在指定时间带领孩子准时到达集合地点，并负责孩子的途中安全。到达后，请遵守工作人员和教师的安排，保持团队统一行动，不要擅自离开。活动结束后，家长需确保孩子安全返回，若继续游玩，幼儿园不负责安排与管理，此时孩子的安全由家长负责。

带班教师职责

带班教师要按照活动方案认真组织活动，做到活动内容心中有数，随时清点幼儿人数。活动中由一名教师主讲，其他两名教师分别在队伍前后维护秩序与安全。教师必须明确各自职责，不得无故离岗，确保活动顺利进行。若遇突发情况，应立即向组长报告，并确保可通过准备好的家长电话名单及时联系到家长。活动结束后各班制作活动小结和美篇，并在班级群中分享。

行政后勤人员职责

行政后勤人员应积极协助带班教师安排活动，确保幼儿安全，不得擅自离开班级。在过十字路口时，要主动拉设警戒线，确保所有幼儿安全通过。具体安排如下：

大一班：杨小花　　　　大二班：寇军玉　　　　大三班：王　莉

大四班：蒋桂珍　　　　大五班：付瑞祥

保健医

保健医需准备必需的急救用品，以应对幼儿可能发生的突发状况。

活动流程

9:30—9:40　家长带幼儿准时到达素朴李家庄景点大门集合，各班清点人数。

9:40—9:50　带班教师向家长和幼儿介绍实践活动的具体安排及注意事项。

9:50—11:50　完成亲子任务卡。

11:50—12:00　大草坪集合。

12:00—13:00　野餐。

13:00—14:00　集体绘画活动：花间写生。

14:00—15:00　游戏：班级对抗赛。

15:00—15:30　拍照留念。

15:30　活动结束，家长带幼儿安全返回。

温馨提示

1.教师提前利用集体教育活动时间对幼儿进行户外安全教育，增强幼儿安全防护意识及自我保护能力。

2.本次活动欢迎家长们自愿报名参加，每个孩子仅限一位家长参加。

3.此次活动的费用需由家长自行承担。景区工作人员将直接向家长收取费用，幼儿园不再收取任何费用。每位成人的景点门票费用为30元，幼儿免费入场。

4.请家长带领幼儿在5月17日9:30在素朴李家庄大门口集合并签到。在此期间，请各位家长确保幼儿的安全。

5.到达活动地点后，请家长遵循工作人员及教师的指引，与团队保持一致行动，并确保不擅自带孩子离开。如遇特殊情况需请假，请立即通知带班教师，并提交书面请假条。

6.请保管好自己的财物，遇到问题及时联系老师或园方处理。

7.在景区内，请家长妥善看管孩子，注意安全，避免前往危险区域。

8.提醒幼儿注意自己的行为，文明游玩。

9.活动结束后，家长在带班教师处签退并带幼儿安全返回，幼儿路途中的安全由家长负责。

10.注意根据天气变化给孩子增减衣服。

活动总结

在初夏五月的乡村，天高气爽，花香鸟鸣，景色宜人。5月17日，榆中县幼儿园为大班孩子们组织了一次社会实践活动，地点选在了充满自然韵味的素朴李家庄。这次活动的目的是让幼儿亲近自然，感受家乡的秀美风光。

为了参加这个活动，孩子们不仅需要规划自己的行程，还需要准备外出所需的物品，这些准备工作本身就是一次重要的学习体验。在活动中，他们游览了景点，并完成了一系列任务，如学习如何照顾自己，并享受与同伴共同出游的乐趣。

走出教室，投身大自然的怀抱，孩子们不仅获得了丰富的生活知识，也体验了自然的魅力，这有助于促进他们的全面发展。

活动一：完成亲子任务卡

"终于看到了老师在教室里介绍的李家庄土雕，真是壮观！我要仔细欣赏！"孩子们站在大型土雕"甘肃风情"前，聚精会神地听老师讲解丝绸之路文化，观察土雕画面的造型，从中学到了许多知识。

踏进花间田的大门，孩子们像被放飞的小鸟一样，兴奋地向着百万株郁金香构成的花海奔去。对他们而言，能够亲近自然，在大自然中自由奔跑，是一次非常难得的体验。

在郁金香的花海中畅游时，美丽的花儿和孩子们灿烂的笑容相得益彰；轻风吹拂，欢声笑语交织成一曲悦耳的乐章。他们追逐嬉戏，或是专注地观察、描绘，记录着这美丽的瞬间。孩子们的快乐溢满了花间田，同时，也把花间田的美好永远刻印在他们的记忆中。

活动二：花间写生

大自然的壮丽景色总是让人们流连忘返，对于孩子们来说，这个世界更是充满了无尽的色彩和美好。他们用纯真无邪的眼光观察世界，用稚嫩的小手和画笔，描绘自己眼中最美丽的风景。

活动三：班级对抗赛

亲子运球、亲子套圈和拔河比赛不仅让孩子们感受到榜样的力量，也让他们领略了团队协作的精神。当枕头大战开始时，孩子们的热情达到了高潮。原本每场趣味比赛设定为3分钟的时长，但因为其乐趣无穷，令人难以停止。从最初的谨慎有序到后来的彻底放松自我，孩子们在活动中展现了最纯真的快乐。

活动四：留住美好瞬间

自然是广阔而生动的教室，在那里孩子们能够尽情享受纯真的快乐和美好。这个夏天，他们又增添了一份美好的记忆。让我们一起来合个影，留下签名，让微风和花香作为见证，将这美妙的亲子时光永远铭记在他们的童年记忆中吧！

参观小学初体验，幼小衔接零距离
——榆中县幼儿园大班幼儿走进文成小学主题活动方案

设计理念

幼儿园升入小学是孩子成长中的重要阶段，因此，家长和教师普遍认可需要做好相应的准备。良好的幼小衔接有助于孩子们顺利过渡，为未来的学习打下坚实的基础。榆中县幼儿园致力于推动幼儿在体育、智力、道德和审美等方面的全面发展，结合他们的身心特点，通过教学活动、班级管理以及与家长的沟通合作，多管齐下，促进幼小科学衔接。通过组织幼儿参观小学的活动，帮助他们熟悉即将到来的小学生活，减少对未知的恐惧，激发他们进入新阶段的热情，增强适应新环境的能力，为他们步入小学打下坚实的心理基础。

活动主题

参观小学初体验，幼小衔接零距离

活动目标

1.通过参观小学，让幼儿深入了解校园环境、设施和学习方式，帮助他们消除对小学的疑惑，并减轻家长的顾虑。

2.通过感受和体验小学生活，提高幼儿适应环境变化的能力，为幼儿进入小学奠定良好的基础。

活动时间

2019年6月17日9：00—11：10

活动地点

榆中县文城小学

活动人员

大班幼儿、大班教师以及行政后勤人员

活动分组及人员分工职责

一、活动分组

组长：刘文平（园长）

副组长：杨小花（副园长）

成员：王莉、王德民、蒋桂珍、王惠青、寇军玉、沈小红

二、人员分工职责

带班教师职责

带班教师要按照活动方案认真组织活动，做到活动内容心中有数，随时清点幼儿人数。活动中由一名教师主讲，其他两名教师分别在队伍前后维护秩序与安全。教师必须明确各自职责，不得无故离岗，确保活动顺利进行。若遇突发情况，应立即向组长报告，并确保可通过准备好的家长电话名单及时联系到家长。活动结束后，各班制作活动小结和美篇，并在班级群中分享。

行政后勤人员职责

行政后勤人员应积极协助带班教师安排活动，确保幼儿安全，不得擅自离开班级。

保健医

保健医需准备必需的急救用品，以应对幼儿可能发生的突发状况。

活动流程

一、活动前期准备

1.活动前两天，教师组织幼儿开展畅想小学的活动，如了解小学生活、学习环境、课程设置等。

2.教师向家长和幼儿宣传参观小学活动的重要性，发放有关活动通知和准备材料。此外，教师需要明确告知家长与幼儿参加活动时的具体要求。

3.请与榆中县文成小学取得联系，协商确定一个合适的参观时间。同时，咨询并了解该校提供的可供参观的资源及相关条件。

4.在集体教学时，提醒幼儿穿上园服，并开展一场关于外出活动的简短安全教育。重点强调集体活动期间的安全意识和应遵守的行为规范，旨在提升孩子们的安全意识及自我保护能力。

5.准备急救药品和必要的防护用品，确保活动安全。

二、参观过程中的注意事项和活动内容设计

（一）注意事项

1.遵守小学的规章制度，不干扰小学正常教学活动。

2.注意言行举止，安静参观，展现幼儿园孩子的良好形象。

3.活动期间一切行动听指挥，准时到达活动地点，不掉队，全体参加活动人员保持手机畅通。

（二）活动内容

1.观摩小学生升旗仪式。

2.走进小学生课堂，了解小学上课的课堂氛围和学习内容。

3.参观小学的各个功能室，如图书馆、音乐室、心理咨询室等场所，了解小学生活多元化特点。

4.与小学生互动交流，答疑解惑，增进彼此了解。

5.与小学生一起体验课间10分钟的活动。

三、活动结束

1.集合时，各班级及时清点本班人数，年级组长负责汇总上报，确保幼儿安全。

2.各班级对参观小学活动进行延伸活动。

3.保教处组织相关人员进行总结活动，评估活动效果，分析存在的问题和不足，为后续活动改进提供参考。

温馨提示

1.幼儿进入小学后，教师要提醒幼儿注意安全，遵守活动规则。

2.带领幼儿参观学校，让幼儿熟悉教室、操场和厕所的位置，知道这些地方是小学生日常活动和学习的关键区域。

3.体验一年级的小学生是怎样上课的，让幼儿对小学生该怎样学习有所了解，激发幼儿进入小学的愿望。

4.提醒幼儿不要大声喧哗，以免影响小学生学习。

5.提醒幼儿要爱护学校里的花草树木，不摘花，不踩草坪。

活动总结

时光飞逝，幼儿园的三年生活即将落下帷幕。大班的孩子们将离开他们所熟悉的幼儿园环境，迈入小学，开始新的人生篇章。为了帮助大班孩子全面而直观地了解小学的学习与生活环境，以及体验即将到来的小学生成长过程，从而积极地面对未来的小学生活。榆中县幼儿园在文成小学的大力支持下，于6月17日上午组织了一次特别的活动：所有的大班幼儿在老师的引导下参观了文成小学。这次实地参观，让孩子们有机会近距离地感受和体验小学生的学习生活。

畅想小学

对即将升入的小学，孩子们提出了各种疑问：

"小学是什么样子的？"

"小学里的哥哥姐姐要做哪些事情？"

"他们和我们一样有户外活动和区域游戏吗？"

"他们的操场上也有大滑梯吗？"

"听说老师要带我们参观小学呢！真是太期待啦！"

孩子们一边想象，一边用画笔描绘出自己心中的小学，老师们能深切地感受到他们想要验证自己遐想的愿望。

走进小学

对于孩子们来说，小学的一切都是新奇的。他们努力寻找着小学和幼儿园之间的差异，仔细观察校园的每一个角落。广阔的操场、高耸的教学楼、完备的设施和优美的环境都让他们感到兴奋，对未来充满期待。

在仪仗队整齐的步伐声中，孩子们与文成小学的师生共同参加了升旗仪式。随着庄严的国歌声响起，他们一同见证了国旗冉冉升起，深刻感受到升旗仪式的庄严与神圣。

孩子们参观了一年级的教室，目睹了小学的学习环境：整齐排列的书桌、安静有序的课堂以及学生们笔直的坐姿。四周回荡着学生们此起彼伏的诵读声，营造出一种积极向上的学习氛围。在这种环境中，即便是平时活泼好动的孩子，也会变得严肃起来。明亮的教室和小学生清脆的读书声，以及与一年级学生共同上课的体验，让参观的孩子们更加渴望成为一名小学生。

接下来，在老师的带领下，他们参观了文成小学独具特色的楼道文化。楼道内陈列着学生们精美的书画作品，处处洋溢着浓厚的学术氛围。设计独特的电脑室、美工室和篆刻室特别吸引了孩子们的目光，他们对这些富有创意的空间赞不绝口，感受到一场视觉和文化的盛宴。

孩子们的疑惑在参观中找到了答案……

在活动中，孩子们通过观看、聆听和亲身体验的方式，近距离地感受了小学的日常生活。这样的经历激发了他们对小学生活的期待，并帮助他们为即将到来的小学学习生活做好了心理准备。相信，他们将会满怀信心地开始新的人生旅程！

第三节　劳动教育实践活动

亲近自然，感悟美好
——榆中县幼儿园劳动教育实践活动方案

设计理念

榆中县幼儿园位于南河公园北侧，毗邻辽阔农田。孩子们每日都能透过窗户见到四季变换的农田景观：春日的小麦摇曳身姿，夏日的西瓜令人向往，秋日的金黄麦浪点头致意，冬日的宁静田野激发无限想象。然而，由于现代家庭环境的影响，许多孩子缺乏农事活动的体验。

因此，榆中县幼儿园以"亲近自然，感悟美好"为主题，以班级为单位，开展劳动体验活动。这一活动，旨在落实教育部关于劳动教育的教育方针，拓宽幼儿视野，亲近自然，体验生活，深化他们对自然和社会的理解。

活动主题

亲近自然，感悟美好

活动目标

一、总体目标

通过开展这一劳动实践活动，旨在构建一套以亲近自然为核心的课程体系。

1.社会领域：了解自然、认识自然；体会中国古人在生产劳动中展现的智慧，从而激发幼儿爱国、爱家乡的情感。

2.科学领域：通过深入了解植物的生长过程和特点，激发幼儿对探究的热情；让幼儿亲近自然，培养他们对科学探究的热爱。

3.语言领域：幼儿通过调查和了解与农事相关的谚语和故事，能够自己讲述这些故事；鼓励并支持幼儿与成人及同伴之间的交流，致力于创造一个环境，让幼儿愿意表达、勇于表达、乐于表达，并且在他们表达时能收到正面的反馈。

4.健康领域：通过劳动体验活动，帮助幼儿养成良好的行为习惯，掌握使其终身受益的生活技能，形成一种文明的生活方式。

5.艺术领域：在大自然中萌发幼儿对美的感受和体验，拓展幼儿的想象力和创造力；引导幼儿学会用心去感受和发现周围的美，鼓励他们用自己的方式去表达和创造美。

二、具体目标

榆中县幼儿园在亲近自然实践体验活动中，结合本园特色课程，着力构建一个"以亲近自然为核心，以春、夏、秋、冬为框架，以植物的生长周期为主线"的综合实践活动课程。

1.了解农事活动与自然界的联系，增进对自然知识的认识与了解。

2.知道基本的农事活动，了解锄头、镰刀、铁锹等农具的使用方法，初步学习使用农具。

3.认识小麦、玉米、油菜等常见农作物，了解其特征及生长过程；学会辨别各种不同的农作物，了解不同农作物生长的特征及生长规律。

4.体验从事农事活动的艰辛，感受农作物生长变化的快乐，收获成功的喜悦。

5.通过参与农事活动，体验与他人合作的乐趣，提升交流与合作技能；增强利用周围资源解决问题的能力，同时提高观察力、动手操作能力及创新能力。

活动设计内容

榆中县幼儿园充分利用现有的自然资源和农业优势，结合本园润真课程开展本次活动。课程紧密围绕"亲近自然，感悟美好"这一主题展开。各班级以幼儿喜欢的植物为话题，从多角度入手，举办以劳动教育为核心的综合性实践活动，形成不同年级组多元化的研究方向。

春

春天象征着希望与新生。当第一缕春光洒向大地，柔和的春风轻抚过我们的脸庞，便看到嫩绿的小草从温润的土壤中探出头来。是的，春天来了！这是一个充满生机的季节，在春风的滋养下，万物都开始焕发生命力。让我们带领孩子们走出教室，走进田间，去播种那些代表着未来的种子，去亲身体验生命的奇迹和成长的喜悦。

阶段性目标：

1.引导幼儿认识各种农作物的种子，了解其生长规律及特点。

2.为幼儿提供亲身实践的机会，让他们在积极参与中收获经验。通过这种方式，幼儿能够更深入地认识和了解自然，同时体验农事活动带来的辛劳与乐趣。

3.培养幼儿对劳动的热爱和乐于参与的态度，提高实践技能，发展综合运用知识和创新的能力，同时增强他们与人合作和交流的能力。

课程内容：

1.种子的认识。

2.耕种知识的了解。

3.农作物的种植。

4.工具的使用。

夏

在炎热的夏季，充沛的阳光和适时的雨水为农作物的生长创造了理想条件。正是在这个时候，农作物从土壤中吸收营养，迅速成长。让我们带领孩子们离开教室，踏入田野，亲自体验农作物的经营与管理，享受其中的乐趣。

阶段性目标：

1.了解农作物的生长规律及特点，并掌握相关的管理知识。

2.学会使用基本的农具。

3.让幼儿在经营、管理农作物的活动中，体验参与实践活动的快乐，进一步了解自然，认识自然。

4.培养幼儿解决问题的能力和创新精神，锻炼幼儿吃苦耐劳的意志和品质。

课程内容：

1.农作物与管理。

2.夏季蔬菜的管理。

3.区分草和农作物的外形，并进行锄草活动。

秋

秋天是丰收的季节。你看！大豆摇曳着如铃铛般的豆荚，高粱举起火红的穗顶，金黄色的玉米在田间点头，而胡麻则随风摆动苗条的身姿……这丰收的景象吸引着孩子们，让我们用劳动的汗水去感受收获的快乐，享受成果的甜美。

阶段性目标：

1.体验收获的快乐，学习使用基本农具，并了解不同作物的收割过程。

2.通过综合实践活动，培养幼儿合作与交流的能力，提高幼儿的观察力、动手操作能力和创新能力。

课程内容：

1.主要农作物的收割、管理活动。

2.蔬菜与瓜果的收获。

3.在田间观察农作物，绘画农作物，并讲述心得。

冬

随着树叶的飘落和树枝的枯萎，寒风透过我们的衣服，告诉我们冬天已经到来。曾经热闹的田野现在变得宁静，人们聚集在温暖的炉火旁，品尝一年辛勤劳作的成果。是时候让孩子们走进课堂，深入体验中国千年的农业文化，感受劳动人民智慧的结晶。

阶段性目标：

1.学习冬季农作物知识，掌握抗寒防冻技巧。

2.通过综合实践活动的调查和研究，使幼儿了解有关的农事谚语和农事小故事、小知识等，体验中华民族优秀、灿烂的文化。

3.在综合实践活动中，培养幼儿运用所学知识解决问题的能力。

5.让幼儿感受收获的快乐，激发他们对中华优秀文化的热爱，并培育爱国情感。

课程内容：

1.农作物的管理。如小麦、油菜等农作物的防冻知识。

2.蔬菜的管理与收获。

3.讨论食物的吃法及食物的分配方法。

活动时间

2020年11月至2023年11月

活动地点

榆中县南关村劳动教育实践基地

活动人员

全体幼儿、教师、行政后勤人员和家长

活动流程

各班级按照本班划定的区域，根据劳动教育社会实践要求，依据本班教师与幼儿共同制定的思维导图，分组进行劳动。

活动评价

1.教师层面。

★通过对幼儿的指导，转变教育观念和教学方式，从单纯的知识传递者变为幼儿学习的促进者、组织者和指导者。

★通过综合实践活动，促进教师的指导与管理能力的提高；促进教师知识结构的改善和学科知识的拓展。

★养成善于观察生活、发现生活、反思生活的能力，促进教师学科能力的提升。

2.幼儿层面。

★鼓励幼儿主动参与多样化的学习活动，如合作交流和探究式发展，以突出他们的主体性；在积极的学习环境中，激发幼儿的好奇心和创造力，培养他们提出、分析和解决问题的能力。

★加强课程内容与现代社会、科技发展以及幼儿生活之间的联系，拓展教与学的时间和空间。

温馨提示

劳动实践活动旨在构建榆中县幼儿园的劳动教育课程体系。为此，我们设定以下要求以优化课程实施：

1.活动前。

（1）教师做好知识储备，构思每次活动的具体实施方案。

（2）在活动开始前，教师通过教学和研讨，帮助幼儿理解活动的目标、过程，并确保他们对相关知识有所了解。

（3）制定清晰的主题脉络图，并详细规划涉及的五大核心课程领域及其内容。

（4）先掌握理念，再执行具体操作。

（5）以幼儿为中心，教师需提前规划并明确分工，确保幼儿有目标地参与活动，使幼儿明确自己的任务。

2.活动中。

（1）教师在活动过程中认真观察幼儿的行为与语言，并做好记录，对幼儿提出的问题进行整理。

（2）指导幼儿在活动中认真观察。比如：除草活动，可以让幼儿观察草与植物的不同；收获活动，可以让幼儿观察植物的根、茎、叶，以及外形特征。

（3）活动中让幼儿大胆讲述所看所想，并就幼儿提出的问题进行研讨。

（4）以幼儿为主，让幼儿感受植物的生长，了解它们的外形特征。

（5）对活动中产生的草、种子、植物以及其他方面的管理工作：可以把植物的生长过程在主题墙上进行表征；在除草活动时，可以收集各种草和农作物，展现在班级的主题墙上，让幼儿观察，引导幼儿发现它们的不同；在收获的时候，将本班种植的农作物展现在主题墙上，进行植物不同部位的探究。

3.活动后。

（1）与幼儿进行本次活动的研讨，提出问题，并找到解决问题的方法。每一次活动提出两到四个问题，并记录讨论结果。通过师幼合作，共同探索解决问题的方案，旨在促进幼儿智力的发展。教师需积极参与，聚焦孩子感兴趣的内容，确保所有信息都是原创且贴近实际的，避免无根据地编造或复制网络资料。

（2）劳动教育项目不仅关注活动本身，还注重其对环境的持续影响，特别是种植活动，它与当地生态紧密相连。

（3）进行活动后的反思。反思活动中出现的问题、未来的注意事项，以及班级的农作物有什么问题、问题的成因、补救措施。

4.成果分享。

（1）如果班级要收获成果，须上报保教处，经保教处批准后，方可进行收获活动。

（2）收获后，需对成果进行称重，并将结果报告给保教处。同时，需要制订一个关于成果分享的计划说明：一部分成果将被保留，供幼儿观察并用于相关课程的教学活动，帮助幼儿了解植物的生长过程和收获的重要性。另一部分将提供给班级的幼儿品尝，让他们亲身体验自己种植的食材，享受劳动的成果。剩余的部分，如果数量较多，可以交由幼儿园食堂处理，让园内所有的幼儿都能分享这一成果。如果剩余不多，可以将其分配给其他特定班级的幼儿。需要明确谁负责分发（如班主任或指定的教师），以及如何分发（如在课间或特定的活动时间）。接收这些额外份额的班级应当事先得到通知，并做好与全班小朋友分享这些成果的方案准备。

5.安全。

幼儿的安全必须始终放在首位。

活动总结

春的序曲

春日悄然孕育着无尽的惊喜，正是播种的佳季。此时，花草逐渐苏醒，种子蓄势待发。为了帮助孩子们深入传承和体验中华传统的春耕文化，理解劳动的重要性以及责任意识，榆中县幼儿园开展了以"亲近自然，感悟美好"为主题的春耕实践活动。

活动中，老师引导孩子们通过观察、探索、讲述和绘画等多元化方式来认识不同的种子。孩子们在活动中不仅认识了各自班级所种植的种子，还了解了这些种子的生长特性和所需环境。这样的活动激发了孩子们对于种植的好奇心和期待感，同时也加深了他们对自然的热爱和对劳动的热情。

在介绍具体的种植方法时，老师利用多种途径向孩子们展示了蔬菜和农作物的种植技巧：如使用铲子挖坑，将种子一粒粒种入土中；保持种子间适当的距离，以提高成活率；选择大而饱满的种子并晒种，以促进成熟，提升发芽率。此外，还教授了撒播、点播、条播等多种播种方式。在温暖的阳光下，孩子们亲手播种，脸上洋溢着对成长结果的期盼。

这次种植活动不仅让孩子们与土地进行了亲密接触，更让他们认识到各种种子的独特形态和农作物的生长规律。通过种植、观察、探索和体验的过程，孩子们不仅学会了耕种技能，体验了劳动的乐趣，还在参与过程中培养了热爱劳动、合作共事的良好情感。这些活动进一步激发了孩子们对大自然的热爱和对生命的敬畏之情。

随着春末夏初的到来，自然界中的万物开始复苏，等待孩子们去探索的秘密是无限的。这场"探秘种子生长的故事"才刚刚拉开序幕。我们祝愿每个孩子的心田都能播下好奇、期待和幸福的种子，并在大自然的怀抱中实践、探索、尝试、观察和记录，开启一段充满奇妙的自然旅程。

夏的茂盛

在炎热的夏季，幼儿园的种植园里生机勃勃。然而，过于茂盛的杂草不仅妨碍了农作物的生长，还成为害虫的温床。为了融合劳动教育与幼儿园的主题教育活动，我们组织了一场"亲近自然，感悟美好"的劳动教育实践活动。活动的目的是拓展劳动实践的内容，树立孩子们节约粮食的意识，培养他们的劳动能力和吃苦耐劳的精神，以及提高他们的动手能力，让他们体会种植庄稼的快乐。

在活动开始前，老师详细地向孩子们介绍了什么是杂草、它们的危害，并教授了清理杂草的方法。面对丛生的杂草，孩子们毫不畏惧，用所学的方式认真除草。经过努力，原本丛生的杂草被拔除，他们精心照料的菜苗得以茁壮成长。

尽管尘土飞扬，汗水淋漓，但这并未减弱孩子们的劳动热情。他们互相提醒，小心操作，以免伤害到种植的作物。很快，在大家的共同努力下，种植园里的杂草被清除干净，孩子们的脸上洋溢着幸福的笑容。

大自然对孩子们总是充满吸引力。在劳动过程中，他们发现了成熟的萝卜，并在老师的指导下，齐心协力地拔萝卜。这个过程不仅让他们发现了萝卜的不同形态，也掌握了拔萝卜的技巧。最终，所有的萝卜都被收获，并装进了篮子。

这次活动不仅培养了孩子们热爱劳动、爱护环境的品质，也让他们对植物有了更深入的认识，激发了对自然的探索和观察兴趣。更重要的是，孩子们在劳动中找到了快乐，他们的想象力、创造力和动手能力也得到了进一步发展。

秋的收获

四月到十月，孩子们经过半年的劳动教育实践活动，观察到植物"种子→幼苗→花朵→果实"的生长过程。

为了深入挖掘"亲近自然，感情美好"劳动教育实践基地"的教育价值，体验收获的喜悦，十月上旬，幼儿园进行了"舌尖上的土豆——榆中县幼儿园劳动教育成果分享"主题活动。此次活动，旨在让幼儿通过亲身参与的方式，感受分享劳动成果的快乐，加深对自然与社会的真实感知。

1.准备工具。

老师：收获土豆需要哪些工具呢？

幼儿1：需要用铲子。

幼儿2：可以用锄头，也可以用手挖。

老师：收获的土豆用什么东西装呢？

幼儿1：用桶来装土豆！

幼儿2：我觉得用口袋也可以。

……

大家商量着、讨论着你带什么，我带什么。

2.挖土豆。

瞧！我认真地寻找藏在地里的土豆。

哈哈，每个人都挖到了土豆，它们的个头儿虽然有点小，但好可爱哟，不过有收获就很不错啦！

哇，我挖的土豆好大呀！我们来比一比：谁的大？谁的小？

老师看着我们挖得这么有意思，她们也想来体验一下！那我就来帮她装土豆吧！

除了用铲子、锄头挖土豆，我们还想到了用手来抛！终于，功夫不负有心人，我们挖到了这么多土豆，我们厉害吧！

虽然用手抛，会把手弄脏，但是没有关系，用肥皂洗一洗就好了。每个人都有自己的办法挖土豆，我觉得我用手来挖，也是非常棒的！

3.土豆探秘。

土豆还有两个名字——马铃薯和洋芋。它不仅是我们日常餐桌上常见的蔬菜之一，更是甘肃地区的特色产物。它因独特的品质和地域特性，被认定为中国国家地理标志产品，这无疑给甘肃人民带来了极大的自豪感。

土豆是一种营养价值很高的食物，它能为人体提供多种益处：

（1）土豆富含淀粉，这是一种重要的碳水化合物来源，能够为人体提供能量并增加饱腹感。

（2）土豆中的蛋白质质量优良，可与鸡蛋蛋白质相媲美，容易被人体吸收。定期食用土豆可以增强免疫力，减少生病的概率。

（3）土豆含有丰富的维生素C和B族维生素，其含量是苹果的四倍。常吃土豆有助于补充这些关键的营养素，土豆是一种营养均衡的食物。

（4）土豆中含有的膳食纤维十分丰富，这有助于促进肠胃蠕动，并帮助身体排除毒素和废物。

（5）作为典型的高钾低钠食品，土豆非常适合水肿型肥胖者和高血压患者食用，因为它有助于维持正常的血压水平。

（6）土豆的烹饪方法多样，包括煎、炒、炖、煮和烤等，它不仅可以作为美味的菜肴，还可以充当主食的角色。

4.美食分享。

经过大家的不懈努力，我们挖了很多袋土豆，大家围着土豆认真观察着，并激烈地讨论着：挖出来的土豆，可以做什么呢？

幼儿1：炒着吃。

幼儿2：煮着吃。

幼儿3：做成土豆泥。

教师：你会做吗？

幼儿1：不会，但是我们可以问老师或者厨师呀！

幼儿2：也可以邀请爸爸妈妈和爷爷奶奶一起制作美食！

孩子们排成一队，手中端着美味的食物。他们用小勺子将美食小心翼翼地喂给自己的爸爸妈妈和爷爷奶奶品尝，通过这个动作来表达对长辈们的爱与关怀。这样的活动可以帮助孩子们从小学会感恩，感谢家人对他们无微不至的照顾和陪伴。

5.卖土豆。

幼儿1：卖土豆喽！

幼儿2：卖土豆喽！

幼儿2：我们的土豆营养丰富！

幼儿1：我们的土豆又大又圆！

一拨又一拨的叫卖声此起彼伏，回荡在幼儿园的上空，孩子们兴奋地手舞足蹈，热情地向家长们展示和推销自己的商品。整个场面洋溢着欢声笑语，充满了节日集市般的热闹气氛。

6.土豆变身。

（土豆的造型）童心很大，可以装满整个世界；童心很美，可以让这个世界更美。

（土豆的拓印）一个不起眼的小土豆，也有成为艺术家的梦想，快用灵巧的小手，把它变成图章，在纸上拓印出美丽的图案吧！

（土豆"绘本"）一场别开生面的播种活动，一次与众不同的体验。一个个小小的土豆，给了孩子们一个观察与发现、付出与收获的空间，同时又充实和丰富了孩子们的生活，使他们从中体验了劳动的乐趣，增加了他们的生活经验。

冬的储藏

随着秋天丰收的脚步渐行渐远，孩子们忙碌于田间地头，收获了金黄的玉米、沉甸甸的土豆和高大的向日葵。为了延长这些果实的储存时间，初冬时节，我们将它们摆放在院子里进行晾晒。这样一来，即便是在潮湿的环境里，也能大大降低食物腐坏的可能，让劳动的果实得以保存更久。

考虑到来年作物的生长需要，保安叔叔贴心地为土地灌溉，以保持土壤的湿润度，确保来年春天能有一个好的墒情，利于农作物生长。北方的冬天伴随着刺骨的寒风，曾经热闹非凡的劳动基地也渐渐恢复了宁静。俗话说，"冬天麦盖三层被，来年枕着馒头睡"，寓意着冬季积雪对来年麦子丰收的益处。

在这样的季节里，我们深刻体会到亲近自然、感悟生活之美好。孩子们的兴趣是他们最好的老师。当他们对生活中的某个事物产生了兴趣，作为教师，我们应当尊重并支持他们的需求和想法。通过直接感知、亲身体验和亲手操作，他们能自主地去发现、观察和探究，进而在参与劳动的过程中发展故事。这不仅锻炼了他们的观察能力、探究能力、语言表达能力和创造力，还使我们的教育与社会接轨，与时代同步前进。

风·采·篇

在教育旅途中，环境塑造如同艺术家精心的笔触，勾勒出我们成长道路上的多彩画卷。一个优美的环境不仅滋养心灵，还能激发创造力与内在潜能。它允许我们在这片富饶的土地上自由地生长，展现出我们最耀眼的光芒。

一个美好的环境让我们身心愉悦，进一步激励我们挖掘自我潜力和创造力。在这样的环境下，我们能够更加坚定地追寻真理，不断前进，为每个正在成长的灵魂营造一个自由绽放的空间。

第一节　润真课程下的环境创设

一、问题的提出

理念文化是立园之基，理念文化是育人之本。榆中县幼儿园坐落于美丽的兴隆山下，苑川河旁，依偎着南河公园，得到山水文化和民俗风情的滋养。立足本园实际，植根于本土文化和自然环境，在充分尊重儿童发展规律的基础上，求真立美，探索真知，回归自然。幼儿园环境不仅是儿童生活的空间，更是儿童学习的空间。润真文化理念下环境的核心是儿童，幼儿园的教育理念和教育行为以及儿童的生活状态也会通过幼儿园的环境体现出来。环境创设背后折射的是儿童、课程与文化的关系。文化既是教育的氛围、土壤和环境，也是教育活动开展的途径，文化融入幼儿园一日活动。

二、幼儿园环境创设

幼儿园环境是指幼儿园内幼儿身心发展所必须具备的一切物质条件和精神条件的总和。物质环境主要包括教学设施、生活设施等有形的物质。精神条件主要包括文化环境和心理环境，其中集体氛围、活动气氛、师风园风等可归于文化环境，师幼关系、教师的教风和人格特征可归为心理环境。

幼儿园环境既有保育的性质，又具有教育的性质。幼儿园环境创设，主要是指教育者根据幼儿园教育的要求和幼儿身心发展规律、需要，充分挖掘和利用幼儿生活环境中的教育因素，并创设幼儿与环境积极作用的活动场景，把环境因素转化为教育因素，促进幼儿身心健康发展的过程。

三、环境创设原则

1.环境与教育目标的一致性原则。

环境与教育目标的一致性原则，即环境设计的目标要符合幼儿全面发展的需要，与幼儿园教育目标相一致。幼儿园环境必须强调目标意识，要有利于幼儿德、智、体、美、劳诸方面的发展。因此，创设幼儿园环境时，目标是依据，应把教育目标落实到月计划、周计划、日计划以及每一项具体的活动中。

2.发展适宜性原则。

发展适宜性原则是指幼儿园环境创设要符合幼儿的年龄特点及身心健康发展的需要，促进每个幼儿全面、和谐发展。发展适宜性原则，从一般年龄特征来看，小班、中班、大班幼儿在身心发展特点上的差异是非常明显的，其身心发展所需要的环境也不尽相同。因此，教师要根据幼儿不同的年龄特征为其提供适宜的发展环境。

3.幼儿参与性原则。

幼儿参与性原则是指环境的创设过程是幼儿与教师共同合作、共同参与的过程。环境的创设过程应该是一个积极的教育过程。环境创设过程的教育意义主要体现在：培养幼儿的主体与合作精神，发展幼儿的主体意识，培养幼儿的责任意识。

4.开放性原则。

开放性原则是指创设幼儿园环境时，应把大、小环境有机结合，形成开放的幼儿教育系统。随着社会科技与文化的发展，社会环境对教育的影响越来越大，不管教师、家长是否愿意，社会环境都以它独特的方式作用于幼儿。通过大、小环境的配合，主要是与家庭、社区的合作，取长补短，在一个开放的系统中，培养适合新时代要求的幼儿。

第二节　环境创设风采展示

　　结合润真课程内容，以儿童为本，充分利用本土资源，创设儿童化的育人环境。在材料使用上，以本土自然资源为主；在整体色调上，以大地色、自然色为主。

　　小班：萌宠可爱风，以动物形象为主，以绵软的布、沙、竹、绳、草、花、泥等自然材料为主。

　　中班：自然清新风，以纸板、麻绳、石头、树枝为主。

　　大班：民俗风，以剪纸、水墨画等方式呈现，使用竹编、团扇、干花等材料。

　　各班级环境创设充分考虑每层楼道的主题，结合本班实际，突出本土特色。另一方面，环境创设突出以儿童为本，从孩子的实际需要出发，让孩子成为环境创设的参与者，将环境创设与节日活动、亲子阅读活动、综合实践活动相结合，进一步挖掘本土课程内容，呈现幼儿学习过程以及主题活动开展的脉络，突出环境创设的有效性、教育性。

小班环境创设

小班幼儿初入园时，陌生的新环境会令他们产生分离、焦虑情绪，为了让他们感受幼儿园和家一样温暖，以温暖的色调为主，营造宽松温馨的环境氛围。我们设计了爱心照片墙，将幼儿日常生活中的照片、幼儿的作品布置在主题墙上，这不仅带给幼儿良好的视觉感，同时还让幼儿园变得十分温馨。在环境创设中融入一日活动常规及行为习惯的养成，可以对幼儿产生潜在的正面影响。这样的环境不仅有助于培养孩子的审美感知，还能激发他们自主探索和学习的欲望。

自理能力培养
——鞋子展览会

自理能力培养
——我会自己做

快乐的幼儿园

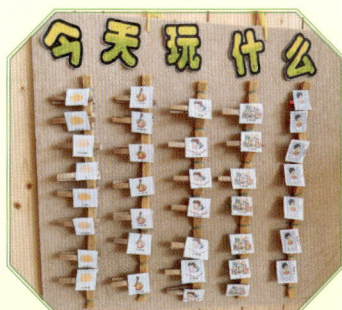

进区卡

快来和毛毛虫做朋友

塞塞乐

我们的一天

我爱我的幼儿园

亲亲一家人

粉色系娃娃家

山楂红了

秋天的水果

收获的种子

中班环境创设 ▷

《指南》指出："亲近自然，喜欢探究；具有初步的探究能力；在探索中认识周围事物和现象。"这段话的关键之处在于"亲历性"和"探究性"。为了更好地利用自然材料来丰富环境创设和课程内容，我们鼓励中班的幼儿亲近自然，让他们变成风、泥土和树叶的孩子。通过走进大自然，孩子们可以直接体验和探索，使得自然界成为他们学习和成长的最自然的场所和资源。

在游戏环境中，幼儿通过挖掘和有效利用本土的自然环境资源，学会了揉、搓、捏、压、团等泥工技法。这些活动不仅使他们在与自然材料的互动中体验到快乐和成长，还有助于培养他们手指的灵活性、创新思维以及与他人合作的能力。通过这些活动，幼儿在科学探究、语言表达、动手操作和社会交往等方面都获得了显著的能力提升。此外，孩子们在活动中展现出了积极主动、认真专注、勇于探究和尝试，以及乐于想象的学习品质，这些都是非常积极的学习态度。

泥巴小景 | 泥巴树

泥巴茶具

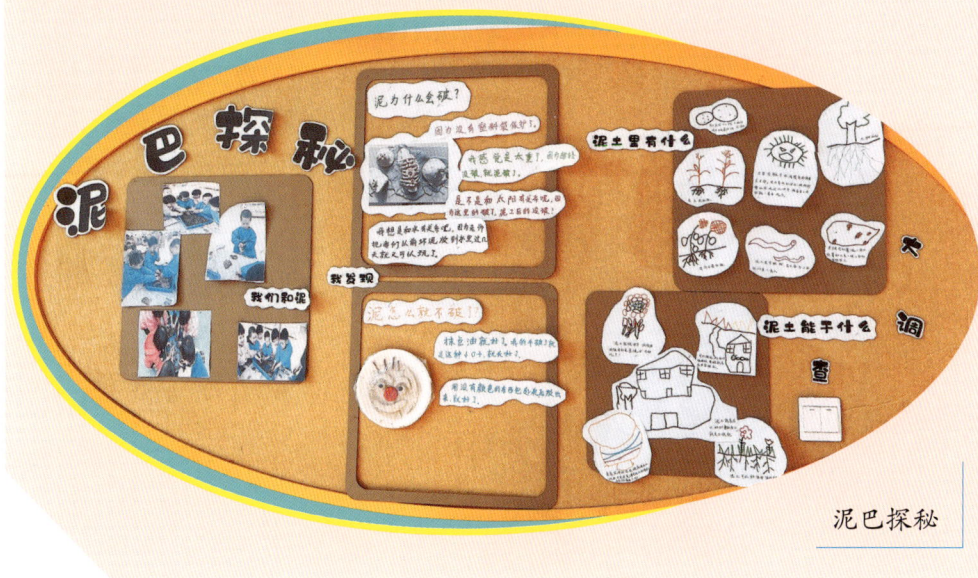

泥巴探秘

树枝贴画

树枝遇秋天 树枝主题

树枝装饰品

呀！土豆

土豆变形记

土豆丰收啦　　百变土豆

土豆苗下的小土豆

松塔、木块变小天鹅

土豆花

玩转树叶
我和叶子的故事

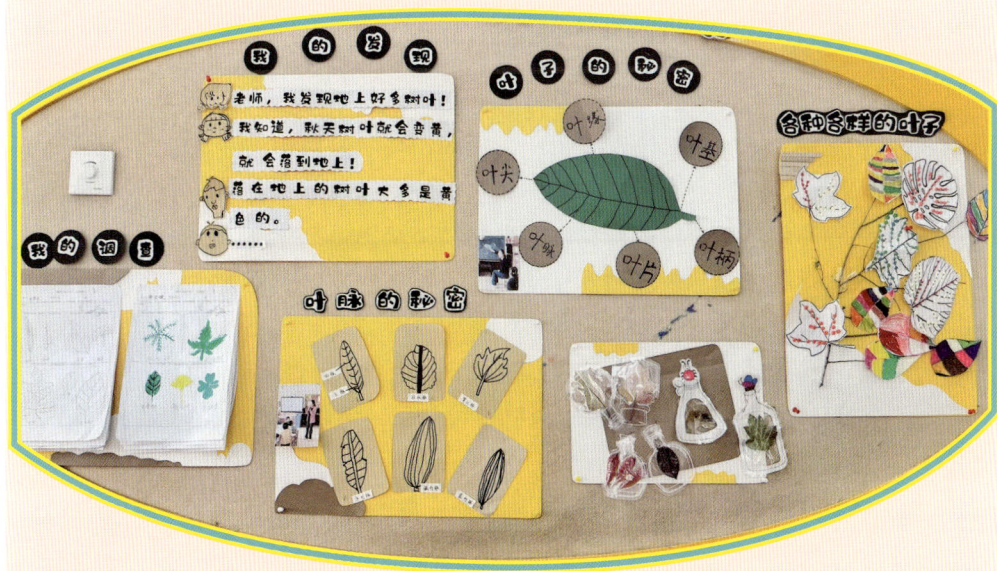

大班环境创设 >

中国的传统文化和民间艺术是中华民族宝贵的精神财富，其中传统民俗文化尤其丰富多彩，传承至今仍然深受人们喜爱。为了让孩子们更加深入地体验这份文化遗产，领略中国传统艺术的独特魅力，幼儿园大班组举办了一场主题为"戏曲荟萃"的说唱京剧活动。通过这次活动，孩子们能够初步了解京剧中脸谱艺术的基本特点，并感受京剧脸谱那鲜艳夺目的色彩及夸张的表现形式。

在活动中，我们鼓励孩子们利用对称的线条、图案和色彩去创作和设计独特的京剧脸谱画，这不仅能够培养他们的审美感和创造力，还能增进他们对这一传统艺术形式的理解与兴趣。

在主题为"炫彩中国风——青花瓷"的坏境创设活动中，通过让幼儿欣赏、学习、亲手制作和展览青花瓷，引导他们认识并理解青花瓷的独特特征及其生产工艺。这样的互动体验，不仅激发了幼儿深入探索的欲望，还使他们深刻感受到青花瓷艺术的魅力。

在班本课程中，利用本地的玉米资源，通过互动活动，帮助幼儿，了解和体验家乡的饮食文化，培养幼儿爱家乡、爱祖国的情感。

换牙记

种植园里的数学

种植园里的观察

玉米展览馆

番茄园里

义卖青菜

玉米叶制作的小人

玉米包叶制作的花朵

玉米小景区

玉米作品展

中秋月儿圆

巧手变变变

"纸想和你玩"主题环创